●

현실 자매의
짠 내 나는
아프리카 여행기

자매의
상상은
현실이 ———— 된다.

○

아!
FREE!
카!

조선율, 조선들 지음

아라크네

파랑새증후군

"파랑새증후군이라고 있어. 현실에 만족하지 못하고 이상만 추구하는 병적인 증세야. 상상만 하고 실제로 움직이진 않아. 우리 지금 파랑새증후군 아닐까?"

한 살 터울의 우리 자매는 지방에서 고등학교를 졸업하고 서울에 있는 대학에 진학해 스무 살 무렵부터 둘이 살고 있다. 벌써 13년째다. 일찍 독립했지만 자유는 없었다. 학업과 자취 생활을 병행하기 위해 수많은 아르바이트를 했다. 돈은 버는 족족 방세와 생활비로 나갔다. 단 둘뿐인 식구였지만 각자 일이 바빠 마주치는 날은 적었다. 밥은 제대로 챙겨 먹는지, 무슨 공부를 하는지, 남자친구는 있는지, 아주 대충의 근황만 알 정도였다. 어쩌다가 일찍 집에 들어온 날이면 함께 산책을 나가기도 했지만 대화는 항상 겉돌았다. 서로에 대해 아는 게 별로 없었기 때문이었다. 내가 먼저 대학을 졸업하고 취업을 한 이

후 서먹함은 더 심해졌다. 나는 언론사 기자가 되어 정신없이 일만 했다. 몇 년이 지나 기자 생활에 회의가 느껴질 때쯤, 동생은 싱가포르에서 어학연수 중이었다.

"나 일 그만두고 마추픽추 가려고."

"언니, 나도 갈게. 내 표도 끊어."

같이 살았지만 데면데면하다 보니 우리의 대화는 무척 건조했다. 그렇게 2014년 7월 우리는 배낭을 메고 겁도 없이 남미로 향했다. 왜 둘이 함께 가는지, 서로 여행 스타일은 맞는지, 각자 이루고 싶은 게 무엇인지에 대한 얘기도 나누지 않고 무작정 떠났다.

결과는, 엄청나게 싸웠다.

자매니까 누구보다 가까운 사이라고 생각했지만, 사실 우리는 남보다 못한 사이였다. 그렇게 가고 싶었던 마추픽추에 올라가기 바로 전날 사건이 터졌다.

"남은 아보카도 아까우니까 다 먹어. 하나도 남기지 말고."

"아보카도 느끼해서 못 먹겠다니까? 왜 자꾸 먹으래? 못 먹는다고!"

과일 때문에 시작된 사소한 다툼이었다. 나는 무의식적으로 언니와 동생의 관계를 상하 관계로 여겼다. 나는 언니니까 동생한테 마음대로 시킬 수 있다고 생각했다. 더 나아가서 동생은 나보다 어리니까 내 말을 다 받아들여야 한다고까지 생각했다. 페루 여행 내내 동생은 음식이 입에 안 맞아 고생했다. 고산병까지 겹쳐 힘들어했다. 나는 거기에 대고 "세비체 좀 먹어 봐라, 페루 전통 음식인데 왜 안 먹어?" "고 산병 진짜냐? 꾀병 아니야? 그냥 견뎌"라는 얘기만 했다. 그렇다고 특별히 챙겨 주는 것도 없었다.

반대로 동생은 내가 언니니까 모든 걸 다 해 줄 거라고 생각했다. 함께 여행을 왔으면 같이 계획을 짜고 발품도 팔아야 하는데, 동생은 그저 가만히 앉아 있기만 했다. 내가 모든 걸 이끌었다.

상황이 그렇다 보니 싸우지 않는 게 오히려 이상했다. 나는 언니로서 강압적으로 지시만 내리고, 동생은 동생으로서 모든 걸 돌봐 주길 바랐다. 마추픽추에 다녀온 후 한동안 서로 말이 없었다.

하지만 싸움의 연속인 여행 속에서도 갑자기 뭉치게 되는 순간이 있었다. 고대했던 이스터섬 여행 전날, 칠레 칼라마 버스 터미널에서 여권과 노트북을 도둑맞았다. '뭉치면 산다'는 말은 확실히 맞는 말이었다. 서로에 대한 불신으로 가득했던 우리는 위기 상황에 처하자 환상적인 호흡을 자랑하며 버스 회사 직원들에게 CCTV를 돌리라고 소리쳤고, 주변에 있는 모든 사람들을 수색하겠다고 난리 법석을 떨었다. 무식하고 용감했던 자매는 과감한 행동력으로 무사히 여권을 찾을 수 있었다. 한바탕 도난 사건으로 싸움은 기억에서 멀어지고 우리 자매는 한층 친밀해졌다.

"우리가 잘 싸운 덕분에 여권도 찾고, 이렇게 태평양 한가운데 이스터섬까지 무사히 오게 됐단 말이지."

"이번에 태평양 왔으니까 다음엔 인도양 한가운데로 갈까?"

"인도양? 거기에도 섬이 있어?"

"아프리카 탄자니아 잔지바르섬!"

그렇게 남미 여행을 다녀온 지 3년이 지났다. 나는 또 바쁘게 기자 생활을 했고, 동생은 학업과 병행하며 쇼핑몰을 차렸다. 그러던 어느 날 〈월터의 상상은 현실이 된다〉라는 영화를 함께 봤다. 영화를 보고 충격에 빠져 '파랑새증후군'이라는 다소 낯선 전문용어까지 끌어들이면서 심각하게 얘기를 나눴다. 3년 전 약속한 아프리카 여행을 도대체 언제 떠날 것인가에 대해서 말이다. 아프리카 여행을 꿈꿨을 때는 '잔지바르'라는 지명만 떠올려도 흥분을 감추지 못했다. 빨리 떠나고 싶어 안달이 났었다. 하지만 다시 일을 하고 학업에 열중하면서 우리가 했던 대화는 자연스럽게 잊혀졌다. 그러다가 한 편의 영화가 우리 자매의 여행에 다시 불을 지폈다.

영화의 주인공 월터는 아이슬란드에서 한겨울에 바다 한가운데 뛰어들어 상어와 싸웠고, 화산 폭발을 경험하기도 했다. 히말라야에서는 희귀 동물인 물표범도 봤다. 그렇게 '상상'을 '경험'으로 바꿔 냈다. 분명 우리도 아프리카 여행을 떠나 야생동물을 보고 인도양 한가운데서 캠핑을 하기로 했는데 3년째 상상만 하고 있었다.

결론부터 말하면 우리 자매도 지난 2017년 9월 아프리카 여행을 떠나면서 파랑새증후군을 극복했다. 세계에서 가장 큰 내륙 삼각지이자 희귀 동물이 모여 사는 보츠와나 오카방고 델타에서 아프리카 원두커피를 마셨고, GPS 추적이 불가능한 동물보호구역에서 멸종 위기에 있는 흰코뿔소를 봤다. 불과 얼마 전 화산 폭발이 일어난 에티오피아 에르타 알레 활화산에서는 뜨거운 용암과 마주했고, 흑사병을 뚫고 달려간 마다가스카르에서는 세상에서 하나뿐인 바오바브나무와 흰여우원숭이를 만났다.

아프리카 여행이 그동안의 여행과 가장 달랐던 점을 꼽자면 우리 자매 사이에 변화가 생겼다는 것이다. 여행을 하면서도 우리는 싸우는 일이 거의 없었다. 혹시 의견 충돌이 있어도 5분을 넘기지 않고 화해했다. 나는 예전처럼 동생을 상하 관계로 생각하지 않았고, 동생은 나에게 무조건 기대려고만 하지 않았다. 우리는 자매이기도 했지만 '동행인'이었다. 같은 목표와 계획을 가지고 여행하는 동행자라면 서로에 대해 잘 알고 더 배려해야 한다. 친구나 가족, 연인과 함께 여행할 때도 마찬가지다. 혼자 가는 여행이 아닌 이상, 동행자와 함께라면 더욱더 나를 내려놓고 상대방을 생각해야 한다는 걸 깨달았다.

우린 아프리카로 향하는 비행기 안에서 서로에게 하지 말았으면 하는 행동과 말 등을 적었다. 평소 겁 없는 행동을 잘하는 동생에게 나는 '혼자 돌아다니지 말 것'과 '낯선 사람의 부탁을 쉽게 들어주지 말 것'을 적었다. 동생은 내 설교가 어지간히 싫었는지 '여행지에서 듣기 싫은 잔소리하지 않기' '씻기 싫은데 씻으라고 하지 않기' 등을 적어 웃음바다가 됐다.

3년 동안 끈끈해진 자매애 때문인지, 아프리카 여행은 정말 험난했지만 한편으로는 가장 흥미진진했다. 아프리카에 도착하자마자 여행 배낭을 잃어버렸고, 하필 혼란스러운 대통령 선거기간에 케냐를 방문해 시위대와 함께 최루탄을 맞았다. 마다가스카르에 도착했을 땐 때 아닌 흑사병으로 공포에 떨었다. 하지만 3년 전 칼라마 터미널에서 환상의 호흡을 자랑했을 때보다 우린 더 강해져 있었다. 누가 이상한 길을 알려 주며 납치의 낌새라도 보이면 구글맵을 켜 보이며 '넌 길도 모르냐'고 핍박했고, 가격을 사기 치려고 하면 환전 어플과 계산기를 꺼내 따박따박 계산해 보이면서 면박을 줬다. 그렇게 우리는 남보다 못한 가족에서 가족 이상의 여행 동반자가 되었다.

그리고 이제 저 먼 지구 반대편, 미지의 대륙 아프리카 9개국을 여행하며 자매가 겪은 흥미진진한 이야기를 전한다.

2019년 2월
조선율

3장

동아프리카

1장

여행의 시작

남아프리카공화국	케이프타운 ⇒ 희망봉 ⇒ 허너머스 ⇒ 아굴라스(아프리카 땅끝) ⇒ 가든루트 (조지, 나이스나, 모셀베이, 치치캄마 국립공원 등) ⇒ 포트엘리자베스
↓	
나미비아	빈트후크 ⇒ 나미브 사막(세스림, 데드블레이, 소서스블레이, 듄45) ⇒ 왈비스베이 ⇒ 스와코프문트 ⇒ 에토샤 국립공원
↓	
보츠와나	마운 ⇒ 오카방고 델타 ⇒ 카사네 ⇒ 초베 국립공원
↓	
짐바브웨	빅토리아폴스 ⇒ 빅토리아 폭포
↓	
잠비아	리빙스톤 ⇒ 빅토리아 폭포 악마의 수영장 ⇒ 루사카 ⇒ 뉴 카피리음포시(타자라 열차)
↓	
탄자니아	다르에스살람 ⇒ 잔지바르(스톤타운, 능귀, 켄드와, 파제) ⇒ 아루샤 ⇒ 세렝게티 국립공원 ⇒ 모시 킬리만자로
↓	
케냐	나이로비
↓	
에티오피아	아디스아바바 ⇒ 메켈레 다나킬 화산 투어
↓	
마다가스카르	안타나나리보 ⇒ 모론다바(바오바브나무 거리, 키린디 국립공원)

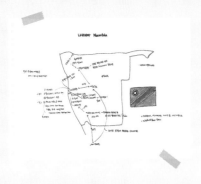

우리는 종이에 직접 아프리카 여행 루트를 그리면서 계획을 세웠다. 먼저 아프리카 대륙을 그려 놓고 가고 싶은 나라를 정했다. 갈 나라의 수도와 국기, 언어, 기후, 치안 상태 등도 함께 정리했다. 직접 손으로 쓰고 그리면서 정리해 보지 않으면 나중에 기억이 잘 안 나기 때문이었다.

여행에 대한 정보는 잡지 『론리플래닛Lonelyplanet』을 가장 많이 참고했다. 여행사 홈페이지에서 패키지 투어 일정을 꼼꼼히 읽어 보기도 했다. 우리는 패키지여행이 아닌 배낭여행을 준비 중이었지만, 여행사에서 운영하는 루트가 체계적으로 잘 정리되어 있어 도움이 됐다.

아프리카 전체 지도 1장과 9개국 나라별 지도를 합해 총 10장의 지도를 토대로 여행 경로를 정리했다. 여행 국가와 도시, 여행지, 교통수단, 이동 시간, 비자 정보 등을 엑셀 파일로 정리해 출력을 해서 가져갔다. 어떤 여행이든 무작정 떠나는 것보다 도시에서 도시를 넘나드는 교통수단과 비자 정보 정도는 미리 알아 가는 게 편하다.

아프리카 9개국 비자 준비

아프리카 대부분의 국가가 도착비자를 허용하기 때문에 미리 준비할 사항은 별로 없다. 다만, 나미비아의 경우 꼭 사전비자가 필요하다. 나미비아 비자는 한국에서 미리 대행사를 통해 발급받는 방법과 잠비아, 남아공 등에 있는 나미비아 영사관에서 발급받는 방법이 있다. 나미비아는 비자 서류를 꼼꼼히 준비하지 않을 경우 비자 발급을 거부하기도 한다. 우리는 모든 비자 서류를 한국에서 미리 출력해 갔지만 남아공에서 도난당하는 사고가 있었다. 다행히 이메일에 자료를 저장해 둬, 나미비아 영사관 앞의 인쇄 가게에서 출력해 제출했다.

빅토리아 폭포를 양쪽에서 다 보고 싶을 경우 짐바브웨와 잠비아를 넘나드는 유니비자를 신청할 수 있다. 한 번 돈을 내고 두 국가를 모두 갈 수 있는 제도다. 하지만 우리는 짐바브웨 국경 사무소에서 유니비자 신청을 거부당했다. 그래서 짐바브웨와 잠비아에 각각 30달러, 50달러씩 냈다. 유니비자는 그때그때 나라 사정에 따라 허용되기도 하고 거부되기도 한다.

비자 발급 비용은 대부분 미국 달러로 지불해야 한다. 미리 준비해 가면 편하게 더 빨리 비자를 발급받을 수 있다. 달러가 없어도 국경 사무소에 환전소가 있기 때문에 크게 걱정할 필요는 없다.

아프리카 주요 여행 국가 VISA 정보

나라	비자 종류	발급 장소	발급 비용	소요 시간	준비 서류
남아프리카 공화국	무비자 (30일)	국경, 공항	-	-	-
나미비아	사전 비자	남아프리카공화국 케이프타운 나미비아 영사관Namibian Consulate General ※ 주소 : Atterbury House, 9 Riebeek St & Lower Burg Street, Cape Town (삼성 건물 21층)	신청할 때 80 란드, 찾아갈 때 390란드 총 470란드 (약 5만 8,000원) ※ 현금으로만 결제 가능	접수일로부터 3일가량 (주말 불포함)	1. 비자 신청서 Visa Application ※ 영사관 구비 2. 여권 사진 1~2장, 여권 사본 3. 남아프리카공화국 입국허가 도장면 사본 4. Motivation Letter(여행 일정, 목적 등 영문으로 작성) 5. 나미비아 출국 버스표·비행기표·렌터카 예약증 6. 나미비아 숙소 예약 확인증 7. 3개월간의 은행거래 내역서 혹은 잔액 증명서(필요 없을 경우도 있음.)
보츠와나	무비자 (90일)	국경, 공항	-	-	-
짐바브웨	도착 비자 (30일)	국경, 공항	30달러	-	유니비자 가능 (50달러)
잠비아	도착 비자 (30일)	국경, 공항	50달러	-	
탄자니아	도착 비자 (3개월)	타자라 열차, 국경, 공항	50달러	-	황열병 접종카드 필수
케냐	E비자, 도착 비자 (3개월)	케냐 대사관 홈페이지, 국경, 공항	50달러	-	황열병 접종카드 필수

에티오피아	도착 비자 (30일)	국경, 공항	50달러	–	–
마다가스 카르	도착 비자 (30일)	공항	약 30달러	–	–

VISA 종류

도착비자	현지에 도착했을 때 발급받을 수 있는 비자
유니비자(카자비자)	짐바브웨와 잠비아를 함께 넘나들 수 있는 비자
싱글비자	다른 나라로 한 번 이동이 가능한 비자
멀티비자	일정 기간 동안 여러 번 이동이 가능한 비자

아프리카 9개국 70일, 여행 경비

2017년 1월 1일, 남아프리카공화국 케이프타운Cape Town으로 가는 비행기 티켓을 끊었다. 그렇게 하지 않으면 마음이 바뀔까 싶어 새해가 되자마자 편도 티켓부터 결제했다. 출발은 9월 27일이었다. 돈을 모을 수 있는 시간이 9개월 남은 것이었다. 우리는 동등하게 여행 경비를 반반씩 모았다. 각자 한 달에 100만 원씩 9개월을 모으니 1,800만 원이 모였다. 돈을 모으는 동안에는 당연히 불필요한 지출을 줄였다. 외식과 쇼핑을 자제하고, 무언가 사고 싶을 때는 아프리카 여행에서 입을 옷이나 모자, 양말을 사기로 했다. 지금 당장 예쁜 옷을 사 입는 것보다 아프리카에서 국립공원 한 곳을 더 들러 동물을 보자고 서로를 다독이며 소비 욕구를 잠재웠다.

여행 경비 중 1,500만 원은 두 개의 국제현금카드에 나눠 넣고, 100만 원은 달러로 환전했다. 나머지 200만 원은 비상금으로 남겨뒀다. 결론부터 말하면 두 명이 70일 동안 아프리카 9개국을 여행하며 1,800만 원을 모두 썼다(출국 및 입국 비행기 푯값 제외). 1인 900만 원 꼴이었다.

우리는 배낭여행자였기 때문에 최대한 돈을 아껴 썼다. 비싼 비행기 대신 열 시간이 넘는 야간 버스를 이용했다. 고급 레스토랑에서 식사를 하는 대신 직접 전통 시장에서 장을 봐 숙소에서 요리를 해 먹기도 했다.

그럼에도 불구하고 우리 자매는 아프리카 여행에서 평균 이상의 비용을 지출했다. 나미비아 렌터카 여행 드라이버 고용, 빅토리아 폭포 악마의 수영장과 사자와 걷기 투어, 탄자니아 세렝게티 국립공원 투어, 에티오피아 다나킬 화산 투어, 마다가스카르행 비행기 티켓 등 돈을 투자한 곳이 여럿이다. 언제 다시 아프리카를 여행할 수 있을지 모르니 하고 싶은 걸 모두 해 보기로 했다.

예를 들어 아프리카에서 3대 국립공원이라 불리는 남아공의 크루거 국립공원, 탄자니아의 세렝게티 국립공원, 케냐의 마사이마라 국립공원 중 세렝게티가 가장 비싸다. 비용이 싸면서 동물도 많이 볼 수 있는 건 마사이마라 국립공원으로 배낭여행자들에게 인기가 가장 좋다. 하지만 세렝게티의 초원을 보고 싶었던 우리는 비싼 세렝게티 국립공원을 선택했다. 여행자마다 꼭 가고 싶은 곳과 포기해도 될 만한 여행지가 다르기 때문에 우리가 쓴 1인 900만 원의 경비가 누구에게나 기준이 될 수는 없다. 가고 싶은 곳을 미리 사전 조사하고 예상 경비를 책정한 후, 예상 경비보다 조금 더 돈을 모아 가는 방법이 가장 현명한 것 같다.

나라별 1인 총 경비

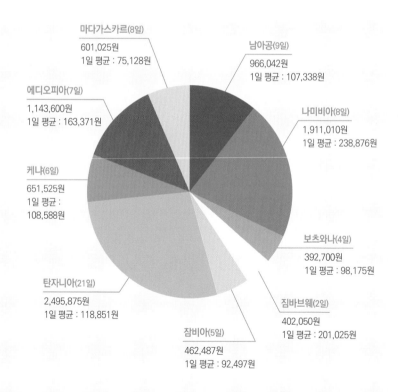

마다가스카르(8일)
601,025원
1일 평균 : 75,128원

남아공(9일)
966,042원
1일 평균 : 107,338원

에디오피아(7일)
1,143,600원
1일 평균 : 163,371원

나미비아(8일)
1,911,010원
1일 평균 : 238,876원

케냐(6일)
651,525원
1일 평균 :
108,588원

보츠와나(4일)
392,700원
1일 평균 : 98,175원

탄자니아(21일)
2,495,875원
1일 평균 : 118,851원

짐바브웨(2일)
402,050원
1일 평균 : 201,025원

잠비아(5일)
462,487원
1일 평균 : 92,497원

나라별 지출 내역

남아프리카공화국 9일 경비 (2인 기준)		
랜드 적용 환율		82
구분	ZAR	원화
숙박비	4,390	359,980
교통비	6,300	516,600
투어비	3,902	319,964
식비	5,320	436,240
잡비	3,650	299,300
2인 총 사용 경비		1,932,084
1인 총 사용 경비		966,042
2인 1일 평균 사용 경비		214,676
1인 1일 평균 사용 경비		107,338

나미비아 8일 경비 (2인 기준)		
나미비아 달러 적용 환율		82
구분	NAD	원화
숙박비	2,440	200,080
교통비	6,700	549,400
투어비	28,000	2,296,000
식비	6,870	563,340
잡비	2,600	213,200
2인 총 사용 경비		3,822,020
1인 총 사용 경비		1,911,010
2인 1일 평균 사용 경비		477,753
1인 1일 평균 사용 경비		238,876

보츠와나 4일 경비 (2인 기준)		
폴라 적용 환율		105
구분	BWP	원화
숙박비	1,150	120,750
교통비	620	65,100
투어비	4,200	441,000
식비	1,050	110,250
잡비	460	48,300
2인 총 사용 경비		785,400
1인 총 사용 경비		392,700
2인 1일 평균 사용 경비		196,350
1인 1일 평균 사용 경비		98,175

짐바브웨 2일 경비 (2인 기준)		
짐바브웨 달러 적용 환율		3.4
구분	ZWD	원화
숙박비	23,500	79,900
교통비	21,000	71,400
투어비	130,000	442,000
식비	29,000	98,600
잡비	33,000	112,200
2인 총 사용 경비		804,100
1인 총 사용 경비		402,050
2인 1일 평균 사용 경비		402,050
1인 1일 평균 사용 경비		201,025

잠비아 5일 경비 (2인 기준)		
콰차 적용 환율		109
구분	ZMK	원화
숙박비	1,835	200,015
교통비	505	55,045
투어비	4,128	449,952
식비	918	100,062
잡비	1,100	119,900
2인 총 사용 경비		924,974
1인 총 사용 경비		462,487
2인 1일 평균 사용 경비		184,995
1인 1일 평균 사용 경비		92,497

탄자니아 21일 경비 (2인 기준)		
탄자니아 실링 적용 환율		0.5
구분	TZS	원화
숙박비	1,860,500	930,250
교통비	1,480,000	740,000
투어비	4,850,000	2,425,000
식비	1,572,000	786,000
잡비	221,000	110,500
2인 총 사용 경비		4,991,750
1인 총 사용 경비		2,495,875
2인 1일 평균 사용 경비		237,702
1인 1일 평균 사용 경비		118,851

케냐 6일 경비 (2인 기준)		
케냐 실링 적용 환율		10.5
구분	KSH	원화
숙박비	23,000	241,500
교통비	33,600	352,800
투어비	6,700	70,350
식비	34,800	365,400
잡비	26,000	273,000
2인 총 사용 경비		1,303,050
1인 총 사용 경비		651,525
2인 1일 평균 사용 경비		217,175
1인 1일 평균 사용 경비		108,588

에티오피아 7일 경비 (2인 기준)		
비르 적용 환율		40
구분	ETB	원화
숙박비	2,600	104,000
교통비	12,400	496,000
투어비	34,200	1,368,000
식비	5,230	209,200
잡비	2,750	110,000
2인 총 사용 경비		2,287,200
1인 총 사용 경비		1,143,600
2인 1일 평균 사용 경비		326,743
1인 1일 평균 사용 경비		163,371

마다가스카르 8일 경비 (2인 기준)		
아리 적용 환율		0.35
구분	MAR	원화
숙박비	730,000	255,500
교통비	1,771,000	619,850
투어비	428,000	149,800
식비	286,000	100,100
잡비	228,000	79,800
2인 총 사용 경비		1,205,050
1인 총 사용 경비		602,525
2인 1일 평균 사용 경비		172,150
1인 1일 평균 사용 경비		86,075

황열병 예방접종, 탄자니아 및 케냐 입국 시 필수!

황열은 아프리카와 남아메리카 지역에서 유행하는 질병이다. 모기에 의해 전파되는 황열병에 걸리면 황달로 피부가 누렇게 변해 황열Yellow Fever이라 부른다. 황열의 원인인 아르보바이러스Arbovirus 자체를 없앨 수 있는 치료제가 아직 개발되지 않았기 때문에 미리 예방접종을 해야 한다. 특히 탄자니아와 케냐 등에서는 황열병 예방접종 카드를 제시하지 않으면 입국을 거부당

할 수 있다. 국립의료원이나 인천공항 검역소 등에서 예방접종이 가능하다. 예방접종을 하러 갈 땐 꼭 여권을 지참해야 한다. 황열병 예방접종서의 유효기간은 10년이다.

말라리아 예방하기

말라리아는 말라리아 모기 원충에 감염되어 발생하는 급성 열성 전염병이다. 모기에 물리면 인체에 감염 증상이 나타날 때까지 2주~수개월이 걸린다. 오한과 발열 등이 증상인데, 예방법은 따로 없다. 아프리카 여행을 가기 전 말라리아 예방약으로 '라리암Lariam'을 많이 처방받는다. 출국 1주일 전에 한 알을 먹고, 매주 같은 날 일주일에 한 번

씩 복용한다. 아프리카 여행을 다녀와서도 4주간 더 복용해야 한다. 하지만 말라리아 예방약의 경우 부작용이 심하고 몸에 안 좋은 영향을 준다는 연구 결과가 많아 차라리 안 먹는 게 낫다는 견해도 많다.

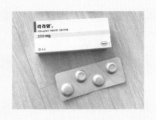

말라리아를 조심해야 하는 아프리카 지역

나미비아, 남아프리카공화국, 보츠와나, 에티오피아	**일부 지역**
잠비아, 짐바브웨, 케냐, 탄자니아, 마다가스카르, 우간다, 르완다	**모든 지역**

▪ **황열 및 말라리아 관련 정보** www.cdc.go.kr 질병관리본부

TRAVEL TIP

말라리아 예방약, 먹어야 할까?

우리는 출국 전 보건소에서 라리암을 처방받고 여행 초반에 꼭 챙겨 먹었다. 라리암을 먹은 날이면 가슴이 답답하고 잠이 잘 안 오는 등 살짝 불편한 부작용에 시달렸다. 우리가 라리암을 먹고 있는 걸 본 아프리카 현지인들이 그 독한 약을 왜 먹느냐면서 당장 멈추라고 했다. 말라리아에 걸리면 차라리 현지 병원에 가라고 했다. 현지인들뿐만 아니라 우리와 동행했던 수많은 유럽인들도 라리암을 먹는 것은 미친 짓이라고 했다. 심지어 "super super crazy"라고 뜯어 말리는 사람도 있었다. 한국에서는 어떤 방식으로 의사들이 라리암을 처방하는지 몰라도 유럽에서는 몸에 치명적인 약으로 분류되어 먹지 않는다고 했다. 우린 여행 한 달을 남기고부터 라리암을 끊었다. 대신 모기퇴치제를 꼼꼼히 바르고 말라리아 증상이 오면 곧바로 현지 병원을 찾아 검사를 하기로 했다. 라리암은 말라리아를 100% 예방하지 못한다. 하지만 1%라도 예방할 수 있다면 먹는 게 낫다는 사람도 있다. 여행 중 먹을 약에 대해 누구에게나 같은 기준을 적용할 수는 없다. 각자 보건소에 방문해 의사의 소견을 듣고 결정하는 걸 추천한다.

현금카드와 국제면허증

국제현금카드

우리는 국제현금카드 두 곳에 돈을 나눠서 입금해 두었다. 각 나라에서 ATM 기기로 필요한 만큼 돈을 뽑아 썼다. 그리고 비상금으로 1,000달러를 챙겨 갔다. 에어비앤비와 우버 택시 어플 결제를 위해 신용카드도 준비했다.

국제현금카드	현금 인출 시 수수료가 낮은 하나은행(비바G, 비바V)과 신한은행 국제현금카드를 준비했다. 처음에는 1,500만 원을 두 카드에 나눠서 넣어 놨는데, 남아공 도착과 동시에 신용카드 복제가 이뤄지는 걸 목격하고 나서, 다시 돈을 개인 통장 계좌로 옮겼다. 그리고 나서 각자 카드에 20만~50만 원씩 소량으로 이체해 두고, ATM 기기에서 현금을 찾아 썼다.
달러	아프리카에서는 투어를 할 때 현지 돈보다 달러를 요구하는 경우가 많다. 1,000달러를 환전해서 가방 깊숙이 보관해 두었는데 금방 동나고 말았다. 국제현금카드나 신용카드로 은행 창구에 가서 달러를 인출하려 했지만 모두 실패했다. 다른 나라에서 카드로 달러를 인출할 수 있는 기능을 미리 신청하고 꼼꼼히 점검하는 걸 추천한다. 창구가 아닌 ATM에서 달러를 곧바로 인출할 수 있는 곳은 케냐 나이로비의 KCB 은행이 있다.
신용카드	신용카드는 우버 택시를 이용하기 위해 꼭 필요했다. 가장 많이 쓰이는 비자 신용카드를 준비해 갔다. 에어비앤비와 게스트하우스 등을 이용할 때도 홈페이지나 어플에서 신용카드로 거래를 하기 때문에 한 개쯤은 꼭 필요하다.

국제면허증

우리는 남아프리카공화국과 나미비아에서 렌터카 여행을 했다. 아프리카에서 렌터카 여행을 하려면 국제면허증은 필수다. 국제면허증은 전국 운전면허시험장과 지정 경찰서에서 발급받을 수 있다. 발급 시에는 반드시 여권을 지참해야 한다. 신청 당일 30분 내로 받아 볼 수 있으며, 유효기간은 1년이다.

아프리카 여행 필수 준비물

여행을 떠날 때면 항상 불필요한 품목까지 다 짓이겨 넣다가 배낭이 무거워지기 일쑤였다. 산더미처럼 커진 배낭에서 무엇을 뺄까 고민하다가 결국 다 가져가곤 했다. 그래서 아프리카 여행을 하면서 우리에게 꼭 필요했던 품목에 대해 정리했다.

☑ 침낭

아프리카 여행에서 침낭은 필수다. 나미비아 나미브 사막과 에토샤 국립공원에서의 캠핑, 탄자니아 세렝게티 국립공원 캠핑과 에티오피아 다나킬 화산 투어 캠핑 등 야외에서 텐트 치고 자는 여행지가 많다. 특히 일교차가 심하기 때문에 침낭이 꼭 필요하다. 또한 게스트하우스나 도미토리 등 저렴한 숙소에 머무를 때 침대가 더러운 경우가 많아 침낭을 사용하기도 했다. 여러 사람이 한꺼번에 머무는 숙소는 이불이 잘 관리되지 않아 음식물이 묻은 채로 그대로 있거나 벌레가 기어 다니기도 한다. 위생상 개인 침낭을 깔고 잠을 자는 것이 훨씬 좋다.

지저분하고 불편한 숙소에서는 침낭이 필수

☑ 모기 퇴치제

모기 퇴치제는 밤에만 잠깐 쓰는 건 줄 알았는데 큰 착각이었다. 빅토리아 폭포와 같이 습한 지역에는 낮에도 벌레가 많다. 마다가스카르에서도 대낮에 똥파리와 벌레의 습격을 당했다. 특히 말라리아 위험지역이 많아 밤낮 가리지 말고 뿌려야 한다. 성능 좋은 모기 퇴치제를 많이 가져 갔지만 중간에 동이 났다. 현지에서 사서 쓴 모기 퇴치제는 효과가 없는 것 같아 한국에서 더 챙겨 올 걸 하는 후회가 들었다.

☑ 대용량 배터리, 외장하드

장기 여행자라면 기본적으로 가지고 다녀야 할 전자 용품이다. 3박 이상씩 투어를 가는 경우 대용량 배터리는 꼭 필요하다. 그날 찍은 사진은 당일 곧바로 노트북과 외장하드로 옮겨 보관했다. 혹시 모를 도난 위험에 외장하드도 두 개나 가지고 다녔다. 사진 찍는 걸 좋아한다면 우리처럼 저장용 기기를 따로 준비하는 것이 좋다.

☑ 망원렌즈, 망원경

아프리카에선 동물원처럼 동물을 가까이에서 볼 수 없다. 아프리카는 대자연 그대로이기 때문에 동물들이 갇혀 있지 않다. 동물들이 사는 땅에 우리가 잠깐 들어가는 것뿐이다. 그렇다 보니 망원경과 망원렌즈가 필요했다. 생각보다 동물이 너무 멀리 있어 조그맣게 보였다. 우리는 고민 끝에 나미비아에서 70만 원을 주고 망원렌즈를 구입했다. 여행을 준비하면서 요즘엔 핸드폰이 좋아 멀리 있는 동물들도 찍을 수 있을 거라 생각했던 건 착각이었다. 큰돈을 주고 구입한 망원렌즈 덕분에 아프리카의 야생동물들을 만족스럽게 찍을 수 있었다. 사진 찍기에 관심이 없다면 망원경을 추천한다. 국립공원에서 게임 드라이브를 할 때 빅 5나 희귀 동물을 자세히 볼 수 있다.

☑ 양말, 긴 남방, 손수건

의외로 양말이 꼭 필요하다. 특히 사막에서는 건조한 기후 때문에 양말을 신지 않으면 발이 쩍쩍 갈라진다. 캠핑을 할 때도 일교차가 커서 양말을 겹겹이 신고 자야 했다. 그리고 눈을 뜰 수 없을 정도로 햇볕이 강렬해서 손수건으로 목을 가리고 긴 남방으로 팔을 보호해야 했다. 또한, 손수건으로 지속적으로 물을 묻혀 피부의 열을 내려 줬다.

☑ 바세린

쩍쩍 갈라진 피부 때문에 바세린이 꼭 필요했다. 바세린은 한국에서 굳이 준비하지 않아도 상점마다 팔고 있다. 뜨거운 햇볕뿐만 아니라 모래바람이나 먼지로 인해 피부가 갈라지기도 한다.

쩍쩍 갈라진 발

☑ 렌즈 세척액

샴푸와 바디워시처럼 현지 마트에서 쉽게 살 수 있을 거라 생각했다. 하지만 아프리카 사람들은 시력이 좋아 안경을 거의 쓰지 않았기 때문에 안경점도 찾기 힘들었다. 탄자니아 잔지바르에 있는 작은 약국에서 렌즈 세척액을 찾았지만, 가격이 너무 비싸 깜짝 놀랐다. 렌즈를 끼는 사람이라면 렌즈 세척액은 준비해 가는 게 좋다.

☑ 멘소래담, 파스

아프리카 투어는 대부분 사륜구동차를 타고 험난한 오프로드를 달린다. 길이 아닌 곳을 만들어 가며 달릴 때도 있다. 돌길이 많아 의자에 가만히 앉아 있어도 온몸이 들썩인다. 덕분에 근육통이 잦다. 현지인들은 '로드 마사지'라며 즐기라고 하지만, 장시간 버스나 기차를 타고 나면 온몸이 뻐근하다. 파스가 있으면 그나마 견딜 만하다.

TRAVEL TIP

불필요했던 품목

- **드론** : 광활한 아프리카 대자연을 영상으로 담고 싶다며 작은 여행자용 드론을 준비했다. 하지만 드론이 아무리 작아도 배낭에 넣고 다닐 수가 없어 마지막에 뺐다. 아쉬웠지만 아프리카에 도착하고 나니 드론은 불필요한 품목이었다. 대부분의 국립공원에는 드론을 가지고 들어갈 수 없다. 입구에서 드론을 가지고 있는지 철저히 확인한다. 국립공원 내에서 드론이 떨어져 동물이 다친 적이 있고, 멸종 위기 동물의 위치가 그대로 노출돼 드론 사용이 금지됐다고 한다. 에티오피아에서는 국립공원분 아니라 공항에서도 혹시 드론을 가지고 있냐며 배낭과 카메라 가방을 샅샅이 확인했다.

- **고데기** : 스타일은 포기할 수 없다며 고데기를 가져갔지만 단 한 번도 사용하지 않았다. 머리를 드라이기로 말린 적도 없다. 캠핑의 연속으로 씻지 못한 날이 더 많았다. 고데기는 부피만 차지하는 애물단지였다.

- **셀카봉** : 셀카봉에 핸드폰을 달고 사진을 찍는다면? 소매치기들이 쏜살같이 나타나 핸드폰을 낚아챌 게 뻔하다. 결국 셀카봉을 한 번도 펼쳐 보지 못했다.

탄자니아 세렝게티 국립공원

선율   코끼리와 기린이 사파리 차량을 툭툭 치고 지나간다. 사자가 우릴 먹이인 양 쳐다본다. 내셔널지오그래픽의 한 장면이다.

끝없이 펼쳐진 초원과 청명한 하늘, 맹수의 삶에 잠깐 들어갔다가 혼을 쏙 뺏겼다.   **선들**

에티오피아 메켈레, 에르타 알레 화산 용암

선율 ← 눈물 콧물 쏟아도 자리를 뜰 수 없을 만큼 빨려 드는 새빨갛고 위엄 있는 용암, 지독한 화산가스가 얼굴을 뒤덮어도 좋다.

I will be back! 뜨겁고 무섭고 지독했지만 꼭 다시 가고 싶은 곳 → 선들

탄자니아 잔지바르, 능귀 해변과 켄드와 해변

선율

> 망상에 사로잡힐 것 같은, 속이 훤히 들여다보이는 에메
> 랄드빛 바다

> 빌 게이츠가 왜 잔지바르 북쪽의 섬을 통째로 샀는지
> 알겠다.

선들

마다가스카르 모론다바, 바오바브나무 거리

선율

바오바브나무를 봤기 때문에 내 아프리카 여행에 주어진 임무가 비로소 완성됐다.

바오바브나무 거리를 그대로 가지고 오고 싶어, 바오바브나무로 만든 모형을 사 한국으로 짊어지고 왔다.

선들

나미비아 세스림 사막, 데드블레이

선율 ▷ 거대한 모래언덕에서 아래를 내려다보면 난 먼지 같은 존재

〈그래비티〉 버금가는 비현실적인 장소, 여기는 3019년 쯤의 다른 행성인가? ◁ 선들

잠비아 & 탄자니아 타자라 열차

선율

전화도 인터넷도 안 되는 60시간, 물도 전기도 끊겼을 때 더 좋았다. 어떤 것에도 방해받지 않고 사색할 수 있었던 시간

사탕수수 50원, 수박 100원, 망고 200원. 다음 역엔 뭐가 있을까? 정차할 때마다 현지인들이 파는 싸고 맛있는 간식이 기대된다.

선들

잠비아 & 짐바브웨 빅토리아 폭포와 악마의 수영장

선율 ⟨ 빼꼼 내려다본 곳은 아찔한 108미터 높이의 거대한 폭포수, 악마가 만든 수영장이 맞다.

수영까지 배워서 갔는데 다리가 후덜덜, 간신히 돌부리 잡고 첨벙첨벙, 내 모든 능력을 무력화시킨 엄청난 굉음의 빅토리아 폭포 ⟩ 선들

보츠와나 오카방고 델타

선율 〉 하늘 반, 물 반. 그 중간 어디쯤에서 떠다니는 느낌. 아무
소리도 없는 평화로움 덕분에 몸도 마음도 정화의 시간

커피를 마시고 있으면 얼룩말과 코끼리가 저 앞으로 지나
간다. 리얼 내추럴 커피숍! 〈 선들

2장

남아프리카

하쿠나 마타타! 여행의 시작

아프리카 도착과 배낭 분실 사건

"하쿠나 마타타! 지금 당장 공항 밖으로 나가!

배낭 잃어버렸다고 다시 한국으로 갈 거야?"

30여 시간 만에 도착한 아프리카 여행의 첫 도시, 남아프리카공화국 케이프타운. 우리 자매는 무사히 아프리카에 안착했는데, 어찌된 영문인지 배낭이 도착하지 않았다. 경유지인 요하네스버그 공항에서 배낭이 분실된 것이었다. 3개월을 함께해야 할 배낭이 없어졌다는 사실을 깨닫자마자 가슴이 곤두박질치듯 뛰기 시작했다. 물론 첫 아프리카 여행이 설레어서가 아니라 두려움 때문이었다.

"카드 비밀번호 5회 오류 문자 왔어. 어떻게 된 거지?"

"언니, 우리 비자 서류랑 여권 복사본도 다 없어졌어!"

엎친 데 덮친 격으로 한국에서 미리 복사해 온 나미비아 비자 서류

비행기에 오르기 직전. 각자 20kg의 배낭을 메고 신났던 우리

케이프타운 공항에서 배낭을 분실해 망연자실한 우리

와 신용카드 복사본도 감쪽같이 없어졌다. 개인 정보가 있는 서류라 파일에 넣어서 꼭 쥐고 다녔는데도 말이다. 공항 검색대에서 가방을 검사하던 직원이 가져간 게 아닐까 의심됐다. 신용카드 정보가 새어 나가자마자 도용해서 사용하려고 했는지 비밀번호 오류 문자가 연속으로 날아왔다. 우린 더욱더 초조해졌다.

먼저 사우스아프리카항공 분실 센터로 갔다. 벌벌 떨며 안절부절못하는 우리와 달리 항공사 직원들은 태평했다. 빨간색과 초록색의 큰 배낭을 잃어버렸고 오늘 꼭 찾아야 한다고 거듭 말했지만 듣는 둥 마는 둥이었다. 심지어 컴퓨터 앞에서 타자를 치고 있으면서도 컴퓨터가 고장 났으니 짐을 찾을 방법이 없다고 했다.

한 시간가량 공항 구석 바닥에 축 처진 상태로 앉아 있었다. 배낭을 찾지 못한다면 어떻게 여행을 해야 할지 심각하게 의논을 했다.

"샴푸랑 폼클렌징 먼저 사야 되지 않을까? 속옷도 사야 되고."

"배낭에 카메라랑 노트북 충전기 들어 있는데, 여기 LG랑 삼성은 있을까?"

그때 나이가 지긋해 보이는 현지 항공사 직원 아주머니가 우리에게 다가와 큰 소리로 말했다.

"너희, 오늘 짐을 찾든 못 찾든 우선 지금 당장 공항 밖으로 나가 봐. 케이프타운은 정말 멋진 곳이야. 시내로 가서 테이블마운틴에도 오르고 해변에서 맛있는 것도 좀 먹어."

"하지만 우리는 배낭이 없는데……."

"하쿠나 마타타Hakuna Matata(근심, 걱정 모두 떨쳐 버려)! 다 잘되겠지. 하쿠나 마타타 몰라? 아프리카에 이미 도착했잖아! 우선 밖으로 나가! 불안해하지 말고 나가서 여유를 즐겨 봐. 시내 구경도 하고 맛있는 것도 사 먹어. 한국에 절대 돌아가고 싶지 않을걸."

그렇게 우리는 등 떠밀리듯 맨몸으로 공항을 빠져나왔다. 버스표를 끊고 케이프타운 시내로 향했다. '어딜 가지? 배낭을 분실했으니 앞으로 여행에 필요한 생필품을 사러 갈까? 아니야. 항공사 아주머니가 우선 아프리카를 즐기라고 했어!' 사실 이날은 동생의 생일이었다. 이왕 이렇게 된 거 워터프론트Waterfront로 향했다. 잃어버린 배낭은 잊고 생일 파티나 하자!

"생일 축하해 동생, 모히토에서 남아공이나 한잔하러 가자!"

아프리카의 유럽이라 불리는 케이프타운 워터프론트

　유럽풍의 건물과 흥겨운 길거리 공연, 수많은 레스토랑이 자리 잡은 워터프론트는 우리가 생각했던 아프리카의 모습이 아니었다.

　우린 바다가 보이는 레스토랑의 테라스에 앉아 해산물 튀김과 술을 시켰다. 레스토랑에서 맥주를 한잔씩 하고 있는 젊은 연인이며 노인들 모두 여유로워 보였다. 우리도 곧 언제 배낭을 잃어버렸냐는 듯 지구 반대편 공기를 흠뻑 들이마시며 콧노래를 흥얼거렸다.

　배를 채우고 나서는 해변을 걸었다. 길거리의 현지인들과 따가운 햇볕 사이를 지나 저 멀리 보이는 테이블마운틴까지, 뭔지도 잘 모르

모히토에서 남아공 한잔! 워터프론트에서 맞이한 동생의 생일을 축하하며 축배를 나눴다.

는 노랫가락을 흥얼대며 걸었다. 한국에서는 노래를 부르며 길을 걷는 일은 상상도 할 수 없었던 우리가 이렇게 들썩이는 걸 보니 정말 아프리카에 도착했구나! 실감이 났다.

아프리카에서 가장 먼저 배운 건 마음의 여유였다. 낯선 곳에 도착하자마자 배낭을 분실했다면 누구나 초조할 수밖에 없을 것이다. 하지만 우리는 항공사 직원 아주머니 덕분에 '걱정'보다는 '여유'를 찾을 수 있었다. 아주머니의 우렁찬 목소리 '하쿠나 마타타'가 없었다면, 아마 우린 몇 시간 동안 공항에 쭈그리고 앉아 울었을지도 모른다.

1. 케이프타운의 상징 테이블마운틴, 끝에서 끝까지 약 3km의 평지가 이어진다.
2. 테이블마운틴을 배경으로 사진을 찍을 수 있는 장소가 곳곳에 있다.

여행의 시작부터 마음의 여유를 배웠기 때문일까. 아프리카 여행은 이전의 여행과는 확실히 달랐다. 우리는 항상 여행 계획표를 가지고 다녔고, 계획이 흐트러지면 실패한 여행인 양 자책했다. 자책은 곧 서로에 대한 질타로 이어졌고 싸움으로 번지기도 했다. 하지만 이번엔 모든 것이 달랐다.

언제나 마음 한편을 차지하고 있던 낯선 나라, 낯선 사람들에 대한 두려움이 놀랍게도 사라지고 없었다. 계획에 없던, 예상하지 못한 문제를 만났을 때도 두려움에 떨고 자책하기보다는 차선책을 선택하고 논의하며 여행했다. 여행 내내 우리 자매가 서로에게 가장 많이 한 말은 아마도 "하쿠나 마타타!"였을 거다.

케이프타운 시내 반대편 캠스베이에서 바라본 테이블마운틴, 하쿠나 마타타가 절로 떠오르는 풍경

아! 잃어버린 배낭은 아홉 시간 만에 무사히 되찾았다. 요하네스버그 공항 직원의 실수로 배낭이 누락됐다는 연락을 받았다. 하지만 실제로는 가방을 찾아 줬다는 명목으로 돈을 요구하기 위해 공항 직원들이 일부러 누락시킨 것이었다. 여행을 떠나기 전부터 그런 사례가 많다는 걸 이미 알고 있었지만 우리가 당할 줄을 몰랐다.

은근슬쩍 돈 얘기를 꺼내는 공항 직원을 뒤로한 채, 우리는 쏜살같이 배낭을 지고 나왔다.

어두운 밤보다 무서운 남아공의 빈부 격차

버려진 닭 뼈를 주워 먹는 사람들

"언니, 앞에 보지 마. 안 보는 게 나을 거야."

"뭔데? 뭐 있어?"

"저기 사람들이, 쓰레기통에 있는 닭 뼈를 주워 먹고 있어."

아프리카 여행 중 우리 자매가 절대 하지 말아야 할 일 1순위는 단연 '밤에 돌아다니지 않기'였다. 케이프타운에 도착하자마자 잃어버린 배낭으로 진을 빼고 숙소에 도착하니 어느덧 날이 저물었다.

에어비앤비로 예약한 숙소는 버스 정류장과 가까운 부촌 지역으로 최대한 안전하다고 생각한 곳이었다. 도착해 보니 아프리카라고 믿겨지지 않을 만큼 고급스러운 아파트였다. 경비원이 다섯 명이나 있었고, 지문 인식을 통해서만 들어갈 수 있었다. 하지만 숙소 주인인 칼Karl은 아무리 부촌 지역이라도 해가 지면 절대 돌아다니지 말라고 당부했다. 숙소 바로 건너편에 대형 쇼핑몰이 있었지만, 밤에 나가면 현지인들의 타깃이 되어 아마 마라톤 하듯이 엄청나게 뛰어야 할 거라며 차라리 1층에 있는 KFC에 가서 간단히 식사를 하라고 했다.

나중에 경험한 거지만, 밤에 길 건너 쇼핑몰에 갔다가 온몸에 식은땀을 흘려야 했다. 어디선가 순식간에 나타난 현지인들이 우릴 쫓아오기 시작했고, 놀란 우리는 뜀박질을 했다. 그런데 그들은 우리를 기어코 따라와 얼굴을 샅샅이 훑어보고 비웃음을 흘리며 시비를 걸기까지 했다. 대형 쇼핑몰이 있는 번화가였지만 이런 일이 태연하게 벌어졌다. 이 때문에 칼이 아무리 번화가라도 밤에는 절대 밖에 나가지 말라고 했던 것이었다.

저녁 8시쯤 KFC에 갔는데 벌써 마감 청소를 하고 있었다. 급하게 주문을 하고 밖이 보이는 창가에 자리를 잡고 앉아 한숨 돌렸다. 하지만 곧 충격적인 장면을 목격했다.

"오늘 진짜 힘들었다. 아프리카 여행 쉽지 않네."

"언니, 지금 저 길 건너에 있는 사람들 모습 보는 것도 쉽지 않을 거 같은데?"

동생의 말에 창밖을 바라봤지만 어둠에 묻혀 서성이는 사람들의 얼굴이 잘 보이지 않았다. 나무 아래 숨어 있던 이들은 눈을 크게 뜨고 무언가를 뚫어져라 응시하며 기다렸다. 어둠 속에서 하얗게 빛나는 눈동자들이 섬뜩했다. 그러다가 갑자기 한순간, 마치 살쾡이가 먹이에 달려들 듯 순식간에 얼굴을 쓰레기통에 파묻었다.

마감 청소를 하던 KFC 직원들이 바깥 쓰레기통에 닭 뼈를 와르르 쏟아붓자 어둠 속에 숨어 있던 사람들이 순식간에 달려들었다. 쓰레기통 안에는 닭 뼈를 비롯해 먹다 버린 감자튀김과 닭튀김 껍데기, 그리고 머스터드와 케첩 등이 묻어 있는 종이가 수북했다. 닭 뼈를 차지하지 못한 키가 작은 아이는 종이에 묻은 소스를 핥아 먹기도 했다.

어둡고 캄캄해 사람들의 얼굴조차 잘 보이지 않는 밖과 달리 KFC 안은 유난히 밝았다. 어둠 속에서 뼈가 목구멍에 걸릴지도 모르는 위험 따위는 아랑곳하지 않고 허겁지겁 닭 뼈를 주워 먹고 있는 이들과 밝은 조명 아래에서 통통한 닭고기를 먹고 있는 이들의 모습이 극명하게 대비됐다.

우리는 햄버거를 포장해서 숙소로 돌아왔다. 창밖의 상황을 보면서 아무렇지 않게 음식을 먹을 수는 없었다. 아프리카 사람들의 빈곤은 어느 정도 예상했지만 '빈곤'보다 무서운 건 '빈부의 격차'였다.

우리가 묵은 에어비앤비 숙소는 한국에서도 흔하지 않은 고급 주택이었다. 고가의 냉장고와 텔레비전, 소파와 음향 기기로 깔끔하게 인테리어가 되어 있었다. 여기가 아프리카인지 유럽인지 한국인지 모를 정도였다. 호스트인 칼은 케이프타운대학에 다니는 공대생으로 부모님은 의사라고 했다. 남아공에 대학이 20여 개밖에 없다는데, 역시 부자였다.

이렇게 한 장소에서 극명한 빈부의 차이를 목격한 건 남아공에서만이 아니었다. 나미비아와 케냐, 에티오피아 등 아프리카 전 지역에서 쉽게 볼 수 있는 모습이었다. 아프리카 사람들의 가난한 삶을 직접

빈부 격차가 큰 지역의 아이들과 집

목격한 일보다 더 힘들었던 건, 바로 옆에 부유하게 잘 사는 사람들이
공존한다는 것이었다. 한 사람이 통통한 닭튀김을 먹고 있을 때, 다른
한 사람은 그 옆에서 먹다 버린 닭 뼈를 먹는 광경 말이다. 물론 어떤
나라에도 빈부 격차는 존재한다. 하지만 우리나라에서 내가 햄버거를
먹다가 남긴다고 해도 그걸 다른 사람이 곧바로 주워 먹는 광경을 보
기는 힘들다. 식당에서도 음식을 남기면 폐기 처리가 되지 바깥에 대
기하고 있는 이들에게 주는 일은 없다. 이렇게 유리창 하나를 사이에
두고 심각한 양극화를 보이는 삶을 들여다본 건 처음이었다.

"아프리카는 왜 이렇게 빈부 격차가 심해?"

"매일 아기만 낳기 때문이야. 어렸을 때부터 에브리데이 베이비를
낳아."

"아기를 많이 낳는데 왜 가난해져?"

"제대로 된 의식주가 갖춰지지 않은 상태에서 아이가 태어나고 역

시나 제대로 된 교육을 받지 못하면서 자라고, 그렇게 가난이 계속 대물림되는 거야."

아프리카의 빈부 격차는 'everyday baby' 때문이라는 칼의 얘기는 사실일까. 우리는 여행을 하면서 나미비아 나미브 사막 투어 가이드에게도, 에티오피아 화산 투어 가이드에게도, 탄자니아 타자라 열차에서 만난 현지인에게도, 계속 같은 질문을 했다. 돌아오는 대답은 무섭게도 똑같았다.

아프리카에서 빈민층이 받을 수 있는 교육은 거의 없다. 아주 어렸을 때는 바깥에서 뛰어놀며 흙장난을 치지만, 12~13살쯤 되면 상황이 달라진다. 학교가 없기 때문에 배울 수도 없고, 마땅한 놀잇거리도 없어 어린아이들끼리 아기를 낳기에 이른다고 한다. 여자아이들은 너무 어렸을 때부터 아이를 낳기 시작해 성병에 걸려 죽기도 한단다. 그렇게 어린 부모에게 태어난 아이들 중 부모를 잃은 아이들이 12~13살이 되면 또다시 아이를 낳게 되고 여전히 교육이랄 것은 없고, 이런 악순환이 계속된다. 사회구조적으로 다른 이유도 많겠지만 현지인들이 말하는 빈부 격차의 원인은 이랬다.

차에 매달려 구걸하는 아이들을 빈번히 목격했다.

"남은 햄버거랑 닭튀김, KFC 앞 쓰레기통에 가져다 버리는 게 어때?"

"왜? 숙소에 분리수거 휴지통 잘되어 있던데."

"그냥, 어차피 남길 거면 그 사람들한테 주는 게 낫지 않아?"

힘들고 배고픈 아프리카 여행 첫날이었지만 닭 뼈의 충격 때문인지 햄버거와 닭튀김을 거의 다 남겼다. 동생은 앞으로 여행 중에 버릴 게 생기면 바깥에 있는 공공 쓰레기통에 넣자고 했다. 그리고 혹시라도 식당에서 음식을 남기게 될 경우 그대로 두고 나오지 말고 바깥으로 가지고 나오기로 했다. 음식뿐 아니라 배낭이 무거워 여행 중간에 옷과 침낭, 신발 등을 버리게 될 경우에도 숙소에 버리지 말고 도심 한복판에 있는 쓰레기통에 넣기로 했다.

한번은 침낭을 버리고 몰래 뒤에서 지켜본 적이 있는데, 우리가 쓰레기통에 넣는 걸 이미 보고 있었는지 누군가 순식간에 침낭을 빼 갔다. 빈민촌에는 여행객이 버린 텐트와 침낭, 식기구 등으로 버티며 사는 사람도 많았다.

씁쓸하게도 우리 자매가 아프리카 여행을 하면서 배낭여행자로서 물건과 음식을 나눠 주는 하나의 방법은 내부 쓰레기통이 아닌 외부 쓰레기통을 이용하는 것이었다.

테이블마운틴
Table Mountain

남아프리카공화국 케이프타운의 상징. 시내에 위치한 산으로 정상이 테이블처럼 평평하다. 케이블카를 타고 오르는 방법과 트래킹으로 걸어 올라가는 방법이 있다. 통유리로 되어 있는 케이블카는 360도를 회전하며 시내를 한눈에 내려다볼 수 있게 한다. 트래킹으로 올라가면 희귀한 식물들을 만날 수 있다. 정상에 오르면 끝에서 끝까지 약 3.2㎞ 정도의 길이로 산책로가 펼쳐진다. 케이프타운 시내를 내려다보며 천천히 걷는 재미가 있다. 산 아래에서 테이블마운틴을 올려다보면 가끔 구름이 산을 뒤덮고 있는 장관이 보인다. 하지만 구름이 많이 낀 날 정상에 올라가면 시내 전경을 볼 수 없으므로 꼭 날씨 좋은 날 가는 걸 추천한다.

TIP 국제학생증을 제시하면 케이블카 할인 가능

테이블마운틴으로 올라가는 케이블카

테이블마운틴 정상에서 바라본 케이프타운

보캅
Bo-Kaap

16세기 무렵 네덜란드동인도회사가 강제로 데려온 말레이시아와 인도네시아 사람들이 모여 살던 곳이다. 그들은 벽에 색을 칠하며 슬픔을 달랬다고 한다. 인종차별 정책이 폐지된 후에는 해방을 기념하며 더 다양한 색을 칠했고, 지금은 인기 여행지가 됐다. 롱 스트리트Long Street에서 걸어갈 수 있다. 골목골목 예쁜 카페도 있어 메인 거리에서 좀 더 들어가서 구경해도 좋다. 마을이 작아 생각보다 금방 둘러볼 수 있다.

동화 속에 들어온 것처럼 마을 전체가 알록달록하다.

캠스베이
Camps Bay

남아공은 은퇴자에게 '천국의 나라'라고 불릴 만큼 아름다운 휴양지가 많다. 특히 케이프타운 시내에서 버스로 30분 정도 걸리는 캠스

캠스베이 해변에서 휴가를 즐기는 사람들

베이는 아름다운 해안선으로 유명하다. 해안선을 따라 연결된 드라이브 코스는 유명 CF에도 나왔다. 푸른 청잣빛의 바다와 하얗게 덮쳐 오는 거친 파도 덕분에 서핑으로도 유명하다. 멀리 바다를 바라보는 것만으로도 더 이상 할 일이 없는 곳이다.

희망봉과
Cape Of Good Hope
아굴라스
Agulhas

케이프 반도 최남단에 위치한 희망봉은 포르투갈의 탐험가 바르톨로뮤 디아스Bartholomew Diaz가 1488년에 발견했다. 그는 이곳을 아프리카의 끝이라고 확신했다. 하지만 실제 아프리카의 최남단은 희망봉이 아니라 아굴라스곶이다. 케이프타운에서 차로 5시간 남짓 걸리는 곳으로 인도양과 대서양

이 만난다는 이정표가 있다. 아굴라스는 포르투갈어로 '바늘'이라는 뜻이며, 끝이 뾰족한 암초가많다.

아프리카 최남단, 인도양과 대서양 사이에서

가든루트
Garden Route

케이프 반도에서 동쪽으로 760㎞ 떨어진 곳까지 이어지는 N2 고속도로 주변 드라이브 여행을 가든루트라고 부른다. 보통 '모셀베이Mossel Bay→ 조지George → 나이스나Knysna→ 치치캄마Tsitsikamma 국립공원→ 포트엘리자베스Port Elizabeth' 루트를 말한다. 하얗게 부서지는 거대한 파도가 몰려오는 해변과 만, 텔레토비 동산을 떠올리게 하는 끝없이 펼쳐진 초록 언덕들, 수많은 와인 농장 등 '정원의 길'이라고 불릴 만큼 아름다운 풍경이 이어지는 드라이브 코스다. 나이스나 항구에서는 신선한 굴 요리가 인기이고, 스톰스강Storms River이 흐르는 치치캄마 국립공원에는 세상에서 가장 높은 번지점프대가 있다.

좋은 가격에 해산물과 굴 요리를 즐길 수 있다.

세상에서 가장 높은 아찔한 번지점프대

나미브 사막에서 가장 높은 빅 대디에 누운 동생

우리는 개미보다 작은 먼지 같은 존재

세상에서 가장 건조한 나미브 사막

'남산에서 아래를 내려다보면 사람들이 개미 같아 보여. 아니 우린 개미보다 작은 먼지 같은 존재야.'

새파란 하늘이 반, 진한 주홍빛 모래가 반인 나미브 사막의 가장 높은 모래언덕 어디쯤에 널브러져 누워, 즐겨 보는 예능 프로그램에서 들었던 말을 떠올렸다.

"아! 우리는 먼지 같은 존재야!"

햇볕에 타 죽을 것 같은 상황에서 뜬금없이 튀어나온 내 말에 동생은 그저 어처구니가 없다는 표정이었다.

나미비아 여행의 목적은 나미브 사막이 전부라 해도 과언이 아니다. 세계 곳곳에서 남녀노소 할 것 없이 다양한 사람들이 사막 캠핑을 즐기러 나미브 사막을 찾는다. 우리 역시 나미브 사막에서 캠핑을 하기 위해 사륜구동차를 빌리고 오프로드 전문 드라이버를 고용했다.

빅 대디에 누운 나

험난한 지형과 돌길 때문에 사륜구동차 없이는 나미브 사막으로 가기가 힘들다. 생존에 필요한 숯과 장작, 고기, 음료수, 모기약, 손전등, 침낭 그리고 사막용 텐트까지 철저하게 준비했다. 해가 떨어지면 아무것도 할 수 없기 때문에 혹시 몰라 와인도 잔뜩 샀다. 잠이 안 오면 술김에 잘 생각이었다.

새벽 5시 30분, 나미브 사막 세스림 캠핑장이 들썩였다. 세스림 캠핑장의 정문이 열려야만 사막으로 들어갈 수 있다. 일출 한 시간 전, 캠핑장의 정문이 열리자마자 사륜구동차들이 질주를 시작했다. 50여 분을 달려 듄45 모래언덕 입구에 도착했다. 일출까지 남은 시간은 10분 남짓이었다. 모든 여행객이 1열로 줄을 지어 모래언덕을 올라갔다.

여행객들이 1열로 듄45 모래언덕을 오르고 있다.

"언니, 빨리 올라가! 1등 자리 놓치지 마. 뭐 해? 일어나!"

성질 급한 우리 자매의 유전자는 사막에서도 빛을 발했다. 내가 조금이라도 주저앉을 것 같은 낌새를 보이면 동생은 나를 부리나케 일으켜 세우기에 바빴다. 모래언덕을 오르는 건 여간 어려운 게 아니었다. 발을 내디딜 때마다 모래 속으로 깊숙이 빠져 발걸음은 천근만근 무거워졌다. 하지만 지평선 끝에서 해가 떠오를락 말락 하자 마음이 급해졌다. 빛은 점점 강해졌다. 다급한 마음에 모두들 뛰기 시작했다. 정상에 도달하자마자 해가 떠올랐고, 여기저기서 거친 숨소리가 뿜어져 나왔다.

아름다운 일출을 볼 수 있는 듄45 모래언덕

사막의 일출은 여느 일출과는 달랐다. 예전에 볼리비아 아마존에서 마주친 일출은 너무 빨개서 제대로 쳐다볼 수가 없었다. 그러나 사막에서 본 일출은 마치 아무것도 없는 행성에서 마주한 희망의 빛 같았다. '색'보다는 '빛'을 강하게 느꼈다. 누군가 내 눈에 빛을 쏘는 것 같았다. 주변이 전부 메말랐기 때문이었을까. 단 10여 분 만에 끝나 버린 일출이었지만 반짝이는 풍요로움이 대지 곳곳에 내려앉는 순간을 목격한 것처럼 강렬하고 경이로웠다. 나미브 사막에서는 이런 기적 같은 순간이 매일 아침마다 찾아온다는 것이 놀라웠다.

일출을 보고 난 후에는 곧바로 데드블레이로 향했다. 교과서나 엽서에서 본 적이 있는 것 같은 전형적인 사막의 이미지를 연상시키는 데드블레이에는 새까맣게 타 죽은 나무들이 있다.

생명체가 살지 않는 곳, 데드블레이

데드블레이에 도착한 시간은 낮 12시, 햇볕이 살을 태우는 느낌이었다. 잎사귀 하나 없이 황량한 나무들은 불에 그슬린 것처럼 까만 잿빛이었다. 이렇게 되기까지 얼마나 뜨거웠을까. 데드블레이를 '아무것도 없는 땅'이라고 부르는 이유를 알 것 같았다. 지구가 아닌 다른 행성에 잠깐 발을 디딘 것처럼 우리가 살고 있는 곳과는 전혀 다른, 생명체라고는 찾아볼 수 없는 메마른 공간이었다.

데드블레이에서 얻은 묘한 감정을 이끌고 나미브 사막에서 가장 높은 빅 대디Big Daddy에 올랐다. 모래언덕을 오를 때 기술적으로 가장 힘이 덜 드는 방법은 무엇일까. 이 생각에 집중하며 이리저리 요령을 피워 봤지만 별다른 효과는 없었다. 올랐다 쉬었다를 반복하면서 오르고 또 올랐다.

"언니 모래언덕 정상에 가면 느끼는 게 있겠지? 우리 헛수고하는 거 아니지?"

"말 걸지 마. 조용히 좀 해. 숨차. 느끼는 게 분명 있을 거야. 그리고 너 물 좀 아껴 마셔."

발이 푹푹 빠져 몇 번이고 쉬었다 올랐다를 반복한 끝에 정상에 도착했다.

모래언덕 위에서 보니 나무도 사람도 한낱 점처럼 작았다.

모래언덕의 정상에 오르자 아까 봤던 죽은 나무들이 점처럼 아득하게 보였다. 저 멀리서 모래 위를 걷고 있는 여행객들도 마찬가지였다. 언뜻 봐서는 사람이라는 걸 알아보지도 못할 정도로 작았다. 높은 곳에서 봤을 때 사람은 먼지 같은 존재에 불과하단 말이 딱 맞았다.

'먼지 같은 존재'는 나의 인생관을 가장 적절하게 표현하는 말이기도 하다. 두루뭉술했던 인생관을 나미브 사막에서 가장 높은 모래언덕에 올라 다시 한번 꺼내 보니 선명하게 각인되는 기분이었다. 모래언덕 꼭대기에서 아래를 내려다보고 있는 내 모습을 누군가 멀리서 바라봤다면 나 역시 먼지 같은 존재로 여겨지지 않았을까. 큰 세상에서 보면 누구나 작고 사소한 존재일 뿐이니 겸손하게 살아야 한다는 생각마저 들었다. 나는 먼지 같은 존재이니, 한국에 돌아가도 아등바등하지 말고 더 자유롭게 많은 곳을 여행하며 순간순간을 즐기면서 살겠다고 다짐했다.

거대한 자연과 마주할 때마다 내가 한없이 작은 존재인 것을 느끼지만, 하루하루 바쁜 일상을 살다 보면 이런 생각을 잊곤 했다. 돈벌이, 인간관계, 미래에 대한 걱정, 다이어트에 대한 압박까지 항상 신경 쓸 일이 너무 많았다. 넓은 세상을 의식하지 못하고 내가 만들어 놓은 좁은 틀 안에서 스트레스를 받으며 살았는지도 모르겠다. 나미브 사막을 여행하고 있는 나와 항상 스트레스를 받으며 아등바등 살던 나는 둘 다 똑같은 먼지 같은 존재일 뿐인데 말이다. 그렇다면 전자의 모습이 더 마음에 들었다.

아무것도 없는 황량한 곳에 서자 비로소 내가 나아가야 할 위치와 방향이 잡히는 느낌이었다.

나미브 사막
Namib Desert

나미브 사막에는 150개가 넘는 사구, 소서스블레이Sossusvlei 와 데드블레이Deadvlei 등이 있다. 1억 5,000여 년 전에 형성된 이 사막은 지난 2013년 '나미브 모래 바다Namib Send Sea'라는 이름으로 유네스코 세계문화유산에 등재됐다. 1년 내내 나미브 사막에서 수분이라고는 미풍을 타고 오는 짙은 안개뿐이다. 그래서 이 지역의 동식물들은 빗물보다 매일 공급받을 수 있는 이슬을 더 필요로 한다. 나미브는 나마족의 언어로 '아무것도 없는 땅'이라는 뜻이다. 여행객들이 많이 찾는 소서스블레이와 데드블레이 등은 수도 빈트후크Windhoek에서 렌터카를 타고 비포장도로로 약 6시간 정도 달려야 한다.

나미비아 렌터카 여행 시 주의 사항

나미비아 렌터카 여행 코스는 대부분 '빈트후크 → 세스림 사막 → 스와코프문트 Swakopmund → 에토샤 국립공원 → 빈트후크' 일정이다. 4×4 사륜구동 캠핑카를 빌려 구간마다 오프로드로 4~6시간 정도를 달린다. 높은 지대의 절벽 길과 비포장도로 등 위험한 도로가 많다. 중간에 주유소나 상점 등도 없는 사막이 계속 이어진다. 쉴 새 없이 달리다 보면 차량 전복 사고나 타이어 펑크로 고립된 여행객을 종종 볼 수 있다.

운전에 자신이 없을 경우엔 여행사 투어를 신청하거나 드라이버 고용을 추천한다. 우리 자매는 캠핑카 여행 출발 전 고민 끝에 비싼 돈을 주고 드라이버를 고용했다. 결론적으로 우리가 직접 위험한 구간을 운전하는 것보다 훨씬 나았다. 드라이버 일만

실제로 마주친 전복 사고

10년차인 가이드도 여행 일정 동안 4번 바퀴가 터졌으니 말이다. 실제로 나미브 사막에서 운전 부주의로 한국인이 운전한 차가 전복된 사고를 목격하기도 했다.

운전에 자신이 있을 경우에도 추월·과속 등은 절대 자제하고 안전한 운전을 해야 한다. 아프리카의 오프로드는 한국에서는 상상할 수 없을 정도로 험악하다.

세스림 캠핑장 이용 방법

세스림 사막에서 일출을 보려면 꼭 세스림 캠핑장Sesriem Campsite에 묵어야 한다. 세스림 캠핑장에서 사막으로 가는 문이 일출 1시간 전에 열리는데, 이 문을 통과해 차를 타고 95㎞ 정도 달려야 일출로 유명한 듄Dune45에 갈 수 있다. 주변에 다른 캠핑장도 있지만 사막으로 가는 길목에 있는 세스림 캠핑장의 정문이 일출 시간에 맞춰 개방되기 때문에 다른 캠핑장에 묵을 경우 일출을 보긴 힘들다. 오직 세스림 캠핑장 내부에 있는 사막으로 가는 문만이 일출 1시간 전에 열린다. 일몰 시간에는 문이 닫히기 때문에 반드시 일몰 이전에 사막에서 나와야 한다.

세스림 캠핑장 예약 사이트에 예약 문의를 남기면 빠른 답변을 받을 수 있다. 우리는 캠핑장 예약이 마감되어 직접 가서 협상할 수밖에 없었다. 다행히 캠핑 자리가 남아 있어 배정을 받을 수 있었다. 다만 다른 캠핑 자리처럼 그늘을 만들어 주는 큰 나무도, 캠핑 장비도 없는 공간이었다. 다행히 텐트를 치고 자는 것밖에 할 일이 없어 크게 불만은 없었다.

■ **세스림 캠핑장 예약 사이트** www.nwr.com.na

덤불 속 집으로 돌아가는 코끼리 가족

에토샤 국립공원 게임 드라이브

수십 마리의 코끼리가 물웅덩이에서 목을 축이고 있었다. 붉은빛을 받은 코끼리들은 신비롭게 빛났다.

"코끼리 봐. 물 다 마시고 떠난다. 어디로 가는 거지?"

"집으로 가나 봐."

"코끼리 집이 어딘데?"

해가 질 무렵 덤불 속에서 코끼리 가족들이 모습을 드러내기 시작했다. 아주 큰 코끼리부터 아장아장 귀엽게 걸어오는 아기 코끼리까지 수십 마리의 코끼리들이 물웅덩이로 다가왔다.

에토샤 국립공원 내에 있는 할랄리 캠핑장 워터홀에서는 하루에 딱 한 시간 정도 코끼리를 볼 수 있다. 워터홀에 모인 코끼리들은 코로 물을 빨아들이더니 한꺼번에 입에 넣었다. 한 번에 5리터 이상의 물을 마신다고 했다. 마시는 게 아니라 거의 들이붓는 수준이었다.

날마다 해질 무렵이면 코끼리 가족이 웅덩이로 물을 마시러 온다.

코끼리가 물을 먹는 모습에 이렇게 빠져든 건 처음이었다. 한 시간 동안 꼬박 코끼리의 눈과 귀, 입을 뜯어봤다. 카메라 망원렌즈의 줌을 끝까지 당겨 동그란 발톱과 숱이 엄청난 속눈썹을 관찰했다. 코끼리가 기분이 좋아졌는지 자기 몸에 흙을 뿌리기라도 하는 순간에는 셔터를 연속으로 빠르게 눌러 댔다. 마치 내셔널지오그래픽의 사진작가라도 된 것처럼 삼각대까지 설치해 놓고 주시했다. 코끼리의 행동을 1초도 놓치고 싶지 않던 동생은 동영상을 찍고 있었다.

사막이라 그런지 에토샤 국립공원의 노을은 유난히도 빨갛다. 그 노을빛을 받은 코끼리의 몸은 매끄럽고 보들보들해 보였으며 신기하고 묘했다. 사람은 역광을 받을 때가 가장 예쁘다고 하던데, 코끼리도 마찬가지였다.

사람들이 지켜보고 있다는 걸 아는지 모르는지, 코끼리들은 사람들 곁으로 다가와 나뭇가지를 뜯어먹기도 했다. 마치 선심을 쓰듯이 말이다. 하지만 그 어느 누구도 코끼리가 다가왔다고 소리를 지르거나 흥분하지 않았다. 우리를 포함한 50여 명의 캠핑족들은 약속이라도 한 듯 한마디도 내뱉지 않았다. 은연중에 정해 놓은 룰이 있는 것처럼 침묵했다. 가끔씩 '찰칵' 하고 카메라 셔터 소리만 들릴 뿐이었다. 하지만 그 셔터 소리도 꽤나 조심스러웠다.

에토샤 국립공원의 코끼리는 우리가 처음 만난 야생동물이었다. 지금까지 동물원에 갔던 기억은 셀 수 없이 많았다. 우리 안에 갇힌 코끼리의 이목을 끌기 위해 소리를 지르기도 했다. 사람들이 음식물을 던지는 걸 목격한 적도 많았다. 그럴 때마다 동물원의 코끼리들은 스트레스 때문인지 거친 숨을 내뱉으며 작은 우리 안을 뱅뱅 돌았다. 의지와 상관없이 동물원에 갇혔다는 걸 알면서도 인증샷을 남기겠다고 코끼리가 카메라의 앵글에 잡힐 때까지 "이리 와! 이리 와!"를 외치기도 했다. 부끄러운 일이었다.

하지만 에토샤 국립공원 안에서 코끼리를 대하는 여행객들의 태도는 달랐다. 아무도 코끼리들이 물을 먹는 시간을 방해하지 않았다. 오히려 코끼리들의 쉼터에 우리가 살짝 들렀다고 여겼다. 카메라를 가져오지 않고 물 마시는 코끼리를 감상하기만 하는 여행객들도 많았다. 사람들은 그저 코끼리들이 덤불에서 천천히 걸어 나와 코로 물을 들이켜고 흙을 뿌리고 나뭇잎을 먹는 장면을 지켜봤다. 그러다가 해가 지고 어두워지기 시작하면 코끼리들은 다시 등을 돌려 돌아갔다.

한참 동안 물을 마시고 흙을 뿌리던 코끼리들이 유유히 집으로 돌아갔다.

"왜 코끼리가 어디로 가냐고 물었어? 질문이 좀 이상하지 않아?"

"동물원에 있는 코끼리만 봐서, 여기에도 코끼리 우리가 있을 거라고 생각했어. 나 참 멍청하다."

정말 멍청한 질문이었다. 동생은 덤불 속 어딘가, 야생으로 돌아가는 코끼리가 그렇게 신기했나 보다. 이날 에토샤 국립공원에서 캠핑을 하며 '동물원'에 대해 얘기를 나눴다. 와인 몇 병을 거하게 마신 터라 목소리가 높아졌다.

"전 세계에 있는 동물원은 다 없어져야 돼! 아까 봤지? 물 먹고 떠나는 코끼리들! 그렇게 집으로 돌아가야지! 동물원 우리에 갇혀서 갈 곳도 없이 사는 게 말이 돼?"

집으로 돌아가는 코끼리 때문에 우리 자매는 단 한 번도 고민해 보지 않았던 동물원에 대한 이야기로 밤을 지새웠다. 코끼리뿐만 아니라 코뿔소 뿔 사냥, 불법 사냥꾼의 사자 사냥, 동물 박제 등에 대해서까지 이야기는 꼬리에 꼬리를 물고 이어졌다. 집으로 돌아가는 코끼리의 뒷모습을 보고 그토록 감정에 복받쳤다니. 아프리카 여행을 떠났다가 느닷없이 동물 애호가가 되어 버렸다. 다시는 갇혀 있는 동물에게 소리치지도, 과자를 던지는 일도 하지 말자고 동생과 서로 약속했다.

코끼리가 가면 차례를 기다린 듯 기린과 코뿔소 등이 와서 목을 축인다.

에토샤 국립공원
Etosha National
Park

나미비아 북서부에 있는 약 2만 3,000㎢의 동물보호구역이다. 멸종 위기의 검은코뿔소와 검은얼굴임팔라, 그리고 코끼리와 사자, 표범 등 다양한 동물들이 서식하고 있다.

에토샤 국립공원은 캠핑장 시설이 잘 갖춰져 있는 곳으로도 유명한데, 국립공원 내부에 3개의 캠핑장이 운영 중에 있다. 캠핑장마다 여행객들이 즐길 수 있는 넓은 수영장과 레스토랑, 바 등이 있다. 텐트 캠핑만 가능한 것이 아니라 고급스러운 로지Lodge도 갖추어져 있다. 해 질 녘이 되면 캠핑장 옆 워터홀Water Hole(물 웅덩이)에 동물들이 모여들어 물을 마시는 진귀한 광경이 펼쳐진다.

국립공원 입구와 가장 가까운 오카우쿠에요Okaukuejo 캠핑장이 제일 인기가 좋다. 큰 워터홀이 있어 코끼리와 코뿔소, 기린, 스프링벅 등 다양한 동물을 볼 수 있다. 하지만 우리가 코끼리

물웅덩이를 찾으면 동물이 보인다.

새 떼의 출현과 함께 맞물려 장관을 연출한 에토샤 국립공원의 일몰

가족을 본 곳은 할랄리Halali 캠핑장이었다. 할랄리 캠핑장은 입구에서 조금 멀지만, 풍경은 오카우쿠에요 캠핑장보다 좋았다. 아담한 워터홀에서 조용히 물만 마시고 떠나는 동물들을 새빨간 노을을 배경으로 볼 수 있다.

TRAVEL TIP

에토샤 국립공원 캠핑장 예약 방법

예약은 스와코프문트 나미비아 국립공원 공식 여행사(NWR)에서 했다. 세스림 캠핑장과 마찬가지로 에토샤 국립공원에도 한국에서 사전에 이메일로 예약을 요청했지만, 자리가 없다는 답변을 받았다. 현지에 가면 캠핑장 예약이 더 쉽다. 빈트후크와 스와코프문트 등에서 여행사를 통해 예약할 수 있다. 성수기에는 캠핑장 자리가 아예 없는 경우도 있다고 하니 여행 일정이 정해진 여행자라면 수개월 전에 미리 예약하는 것도 좋다.

▪ **에토샤 국립공원 홈페이지** www.etoshanationalpark.org

게임 드라이브

아프리카 현지에서는 동물을 찾아 나서는 걸 게임 드라이브Game Drive라고 한다. 우리가 알고 있는 사파리Safari는 스와힐리어로 '여행'이란 뜻이다. 아프리카에선 '사파리 가자!'보다는 '게임 드라이브 가자!'라고 말한다.

에토샤 국립공원은 여행사나 가이드를 끼지 않고 개인적으로 자유롭게 게임 드라이브를 즐길 수 있는 몇 안 되는 국립공원 중 하나다. 지도에서 '워터홀'을 찾는 것이 가장 중요한 게임 드라이브 팁이다. 더운 날씨에 동물들을 볼 수 있는 곳은 워터홀이 가장 유력하기 때문이다. 곳곳에 위치한 워터홀에서는 목마른 코끼리나 사자, 기린, 코뿔소 등을 볼 수 있다. 에토샤 국립공원이 다른 국립공원과 다른 점은 사막지대이기 때문에 숲이 울창하지 않다는 것이다. 뜨거운 햇볕이 내리쬐는 낮에는 동물들도 나무를 찾아 그늘에 숨어 버린다. 비교적 선선한 아침과 저녁 시간대에 동물을 더 많이 볼 수 있다.

캠핑장 근처에 위치한 워터홀은 펜스가 설치되어 있어 의자에 앉아 동물을 볼 수 있다. 특히 노을이 지는 시간에는 간단히 맥주나 간식을 가져와서 동물을 보며 즐거운 시간을 보낼 수 있다. 워터홀에는 밤부터 새벽까지 조명이 켜져 있어 밤새 동물을 볼 수 있다. 우리 역시 새벽 3시쯤 가이드가 코뿔소 가족이 물을 먹으러 왔다며 깨워, 보기 힘든 광경을 목격할 수 있었다. 밤새 앉아서 동물을 기다리는 여행객도 있다.

낯선 현지인에게 의지하다

사설 버스 타고 나미비아에서 보츠와나로 국경 넘기

"사기꾼은 아니겠지? 어디로 데려가는지 구글맵 켜고 확인해."

"이상한 데로 가고 있어. 왜 버스 터미널 반대 방향으로 가지?"

"우리 납치당하는 건 아니겠지? 어디로 가는 거냐고 계속 물어봐."

"이 사람 믿고 보츠와나까지 갈 수 있을까?"

아프리카 배낭여행 중에는 대중교통을 이용하는 게 위험할 때가 있다. 특히 밤 버스의 경우 갑자기 강도라도 들이닥치면 속수무책으로 당하기 일쑤다. 길도 흙과 자갈이 그대로 있는 오프로드가 많고, 아스팔트가 깔린 도로라고 해도 운전기사들이 밥 먹듯이 역주행을 시도해서 위험한 건 마찬가지다. 이런 열악한 교통 상황 때문에 트럭킹 여행을 선호하는 여행객도 많다. 트럭킹은 10~30여 명의 여행객이 모여 큰 트럭 캠핑차를 타고 아프리카 대륙을 함께 여행하는 일종의 패키지 프로그램이다. 대중교통을 이용하지 않아도 원하는 곳에 갈 수 있다.

아무리 찾아도 나미비아의 수도 빈트후크에서 보츠와나 마운Maun으로 넘어가는 교통편 정보를 얻을 수가 없었다. 빈트후크에서 잠비아 리빙스턴Livingston으로 가는 국제 버스는 있지만, 보츠와나로 넘어가는 공식 버스는 없었다. 비행기는 너무 비싸 엄두도 내지 못했다. 하지만 우리는 보츠와나 오카방고 델타에 꼭 가고 싶었기 때문에 어떻게 해서든 교통편을 찾아야만 했다. 그때 아프리카 여행 관련 카페에 정보 글이 올라왔다. 무냐Munya라는 나미비아인이 사설 미니버스로 보츠와나 마운까지 태워다 준다는 내용이었다.

고민이 시작됐다. 인터넷에 남겨진 전화번호로 연락을 해 봐야 할까? 혹시나 여행객을 상대로 강도질하는 범죄자면 어쩌지? 비공식적인 사설 버스라면 납치당할 위험이 대중교통보다 높은 거 아닌가? 무려 열두 시간 동안 이동해야 하는데, 가다가 경로를 이탈해 이상한 곳으로 데려간다면?

"고민만 하다가는 보츠와나까지 못 가. 우선 믿고 전화해 보자."

"처음 보는 사람인데 어떻게 믿어. 최악의 경우도 생각해 봐야지."

무냐라는 사람은 우리를 보츠와나까지 데려다줄 한 줄기 빛인 동시에 믿을 수 없는 낯선 아프리카인이었다. 우선 그에게 전화부터 걸었다. 무냐는 토요일 낮 12시에 보츠와나로 출발할 테니 픽업을 가게 숙소 주소를 알려 달라고 했다. 우리는 빈트후크 시내 중심가에서 가장 큰 힐튼 호텔 로비로 와 달라고 했다. 물론 힐튼 호텔에 묵고 있었던 건 아니었다. 영화에서처럼 사람들이 북적이는 장소에서 만나야 무슨 일이 생겨도 소리를 지르고 도움을 요청할 수 있을 거라고 생각했다.

무냐는 토요일 낮 12시에 딱 맞춰 힐튼 호텔 로비에 나타났다. 어쩐 일인지 호텔 직원들과 반갑게 인사를 나눈 다음 수다를 떨고 있었다. 알고 봤더니 항상 그곳에서 외국인 여행객들을 만나 함께 보츠와나로 간다는 것이었다. 우린 호텔 직원들이 무냐와 친분이 있는 걸 보고 한시름을 놨다. 하지만 긴장을 늦추진 않았다. 출발과 동시에 구글맵을 작동시켰다. 그가 출발지인 버스 정류장으로 제대로 가는지 확인하기 위해서였다.

"무냐, 왜 버스 정류장 반대로 가?"

"아, 잠깐 우리 집에 들를게. 내가 여권을 놓고 와서. 미안해."

순간 식은땀이 등줄기를 타고 흘렀다. 출발과 함께 납치를 당하는 줄 알았다. 납치라면 차에서 어떻게 뛰어내려야 할지 동생과 긴밀하게 이야기를 나눴다. 이렇게 마음을 졸이면서 여행하긴 처음이었다.

우리 자매는 대담한 여행은 하지 않는다. 처음 보는 현지인과 차를 함께 탄다거나, 밤에 돌아다닌다거나, 클럽에 가는 일 등은 절대 하지 않았다. 예외로 숙소 주인이나 또 다른 외국인 여행자들과는 교류를 했다. 하지만 낯선 현지인과는 대화는 하되 동행은 극히 자제했다. 낯선 현지인을 대하는 방법은 여행자 각자 스타일에 따라 다양하다. 넉살 좋은 여행자는 처음 본 현지인의 차를 거리낌 없이 얻어 타기도 하고 술집에서 밤새 놀기도 한다. 혼자만의 시간을 원하는 여행자는 오로지 홀로 여행지를 둘러본다. 우리 자매는 그 중간 어디쯤에 있다. 현지인들과 '대화' '교류' '식사' 등은 하되, 낯선 곳으로의 '동행'은 절대 금지다.

막상 버스 정류장에 도착하니 마음이 놓였다. 알고 보니 무냐는 나미비아와 짐바브웨 구간을 육로로 이동하는 사람들을 태워다 주는 사업을 하고 있었다. 나미비아에서 짐바브웨로 가는 중간에 보츠와나를 지나는데, 보츠와나로 국경 이동을 하는 여행객들에게 암암리에 돈을 받고 원하는 장소에 내려 주는 것이다.

그날 무냐의 미니버스를 이용하는 고객은 우리 말고도 짐바브웨인 남자 두 명과 여자 두 명이 더 있었다. 이들은 빈트후크에서 식당을 운영하다가 그만두고 고향으로 돌아간다고 했다. 식당에서 쓰던 살림살이가 어찌나 많은지 짐을 싣는 데만 두 시간이 걸렸다. 소형 냉장고를 비롯한 가전들, 각종 식기류와 향신료까지 미니버스 뒤에 매달았다. 열심히 짐을 싣는 동행인들을 보고 무장 강도는 아니라는 확신이 들었다.

짐바브웨로 가는 현지인들은 무려 두 시간 동안 짐을 실었다.

"코리안! 절대 주유소와 상점 밖으로 나가지 마. 화장실 가고 싶으면 같이 가 줄게."

"알겠어! 근데 우리 저 앞에 ATM에서 돈 좀 뽑아 올게. 간식 사 먹을 돈이 모자라."

"그냥 내가 사 줄게. ATM에 들어가는 순간 강도들의 타깃이야."

무냐는 출발과 함께 거의 아빠의 모습으로 변했다. 빈트후크에서 마운까지는 대략 11~12시간이 걸린다. 주변에 아무것도 없는 길을 몇 시간씩 달리다 작은 마을이 보이면 거기서 휴식을 취했다. 작은 마을들은 매우 가난한 동네라 여행객을 대상으로 어떤 사고가 일어날지 모른다고 했다. 그런 이유 때문인지 무냐는 우리가 시야에서 벗어나려고 하면 멀리 가지 말라고 신신당부했다. 아프리카의 사정을 잘 모르는 외국인 여행객들을 안전하게 목적지까지 데려다주는 일에 책임감을 느끼는 듯했다. 쉬는 시간 동안 화장실에 가거나 슈퍼에 갈 때도 항상 함께 이동했다. 마치 보드가드 같았다. 아, 심지어 돈도 꿔 줬다.

잘 가다가 사건이 하나 터졌다. 검문소를 지나가던 중에 내가 나미비아 경찰의 사진을 찍은 것이다. 검문소 풍경을 찍으려다가 실수로 경찰까지 함께 찍혀 버렸다.

"코리안! 당장 내려! 여권 보여 줘. 어디로 가는 거지? 나미비아엔 왜 왔지?"

"내 고객이에요. 그냥 넘어가시죠. 하하하."

나미비아와 탄자니아, 케냐 등 아프리카 일부 국가에서 경찰의 사진을 찍는 건 불법과 비슷했다. 현지인들 얘기로는 경찰들은 자신의 지위와 권위가 매우 높다고 생각하기 때문에 카메라로 찍히는 걸 극도로 싫어한다고 했다. 엄밀히 말해서 불법은 아니지만 불법 행위를 저지른 것처럼 불이익을 받을 수 있으니 조심하라고 경고했다. 특히 탄자니아에서는 대중교통이나 택시를 이용할 때 기사들이 "1킬로미터 앞에 경찰이 있습니다. 카메라는 가방에 넣어 주세요"라고까지 안내를 해 준다. 어쨌든 나의 부주의 때문에 무냐는 경찰들의 바지 주머니 속에 돈을 움켜 넣어 주기까지 했다.

일곱 명의 미니버스 일행 모두가 무사히 보츠와나 국경에 도착했다. 우리는 사막의 붉은 노을을 보며 국경선을 넘었다. 그리고 다시 5~6시간을 달려 미리 예약해 둔 마운의 숙소 근처에 도착했다. 하지만 어떻게 된 일인지 구글맵에 표시되어 있는 숙소 자리에 숙소가 없었다. 이미 새벽 2시가 넘은 시간이었다. 숙소 주인은 깊은 잠에 빠져 전화를 받지 않았고, 우리는 전등 하나 없는 어두컴컴한 지역에 고립됐다. 그때 무냐가 근처 가정집들의 문을 두드리고 묻기를 반복한 끝에 30분 만에 숙소의 위치를 찾아 주었다. 이정표도 간판도 없는 숙소를 찾아낸 우리는 무사히 체크인을 할 수 있었다.

"정말 정말 고마워! 네가 없었으면 우린 보츠와나 여행을 포기했을지도 몰라. 안전하게 숙소까지 데려다줘서 고마워."

"고마우면 한국인들한테 나 소개해 주는 거 잊지 마! 하쿠나 마타타."

해외여행 중 낯선 사람을 어디까지 믿어야 할지 고민일 때가 있다. 믿었던 사람 혹은 친절한 호의를 보이며 다가온 사람으로부터 강도를 당한 사례가 많기 때문이다. 그만큼 낯선 현지인의 호의가 진짜인지 가짜인지 구분하는 건 어려운 일이다. 점쟁이가 아니고서야 말이다.

우리 자매가 현지인을 믿고 국경을 넘은 건 처음이었다. 국경을 넘을 땐 항상 국제 버스나 비행기를 이용했다. 보츠와나까지 가는 길이 막막하고 깜깜했는데 무냐 덕분에 목적지까지 잘 도착할 수 있었다. 여행지에서 의심의 끈을 놓지 않고 경계하는 것도 중요하지만, 상황에 따라 낯선 타인을 믿어 보는 일도 괜찮은 것 같다. 달콤한 말로 꾀지 않는 사람, 대가 없이 유용한 정보를 건네주는 사람 등 우리 자매가 정해 놓은 기준에 맞는 현지인들과의 인연은 다행히도 항상 옳았다. 결국 '무조건'이라는 건 없는 것 같다. 무조건 의심하거나 무조건 믿는 것보다는 각자 절대 믿어서는 안 되는 기준을 정해 놓고 열린 마음으로 대화를 시도해 보는 게 낯선 곳에서 타인을 판단하는 좋은 방법이 되지 않을까 싶다.

의심 많은 우리를 안전하게 태워다 준 고마운 무냐

엔진 없이 노를 저어 가는 모코로 위에서 유유히 떠다니다 보면 마치 한량이 된 것 같은 기분이 든다.

세상에서 제일 편한 커피숍, 오카방고 델타

세계 최대 습지에서 전통 배 모코로 타기

물에 들어가면 금방이라도 뒤집힐 것처럼 생긴 나무로 만든 배 모코로. 혹시 몰라 가이드에게 구명조끼는 있는지, 배에 모터가 달렸는지 물었다. 맨발의 가이드는 웃으면서 긴 막대기 하나를 보여 주었다. 이 막대기 하나에 의지해 출발할 거니까 마음 단단히 먹으라고 겁을 줬다.

열두 시간 넘게 현지인의 미니버스를 타고 국경을 넘어 보츠와나까지 온 이유는 단 하나였다. 끝이 보이지 않는 넓은 습지에서 조그마한 배에 몸을 싣고 떠다니는 한 외국 여행객의 사진 때문이었다.

동생과 나는 모코로 두 척을 각각 나눠 탔다. 우리는 VIP석처럼 시야가 탁 트인 앞쪽에 앉았고, 가이드 아저씨는 뒤쪽에 서서 노를 저었다. 배는 물 위로 미끄러지자마자 속도를 내며 앞으로 나아갔다. 모코로가 살짝만 흔들려도 그 움직임이 온몸으로 전해졌다. 손을 모코로 밖으로 내밀거나 물속에 넣는 행동은 절대 금지다. 야생 그대로의 모습을 간직하고 있는 오카방고 델타에서는 식물에 의해서도 쉽게 손이 베일 수 있기 때문이다. 그리고 무엇보다 물속에는 악어가 산다.

정신 수양을 위해 많이 찾는다는 템플스테이가 그런 느낌일까. 모터도 없는 작은 배에 앉아 물 위에서 수 시간을 떠 있었다. 가이드가 수초를 향해 노을 저을 때마다 들리는 '스윽스윽' 소리가 소음의 전부였다. 수초들끼리 부딪치는 소리 말이다. 시선 위로는 새파란 하늘, 아

모코로는 현지인들의 운송 수단으로도 쓰인다.

래로는 맑고 깨끗한 물뿐이었다. 잡생각이 사라지며 점차 평온해졌다. 느릿느릿 지나가는 시간을 따라 유유히 흐르는 느낌이었다.

가이드의 눈은 망원경보다 좋았다. 내 비싼 DSLR 망원렌즈보다도 훨씬 좋았다. 물풀 사이를 가리키며 아프리카에만 있다는 희귀한 하얀 개구리를 보라고 했다. 도대체 어디에 있는지 한참을 찾다가 겨우 작은 개구리를 발견했다. 가이드는 계속해서 조그맣고 희귀한 파충류와 조류를 놓치지 않고 찾아 줬다. 심지어 수백 미터 떨어진 곳에 있는 '코끼리 귀'를 발견하기도 했다. 코끼리의 몸통은 수풀에 가려져 있으니 귀라도 보라고 했다. 코끼리의 몸통이 안 보이는데 어떻게 귀를 찾았냐니까 아프리카인 눈에는 다 보인다고 했다.

수초 속에서 찾아낸 희귀 개구리와 가이드에게 선물로 받은 연꽃

두 시간 넘게 습지를 흐르다 큰 나무 밑에 도착했다. 나무 곁에 다가서자 가이드들은 아프리카 커피를 타 주며 쉬라고 했다. 그리고 아프리카 최대 습지 한가운데서 자연을 느껴 보라는 말을 덧붙였다. 이런 경험은 처음이었다. 한국에서는 주로 사람들이 많이 찾는 프랜차이즈 카페에서 커피를 사 마셨다. 마찬가지로 아프리카에서도 인기 있는 커피숍은 항상 사람들로 북적였다.

물풀이 억세서 손을 베일 수 있기 때문에 절대 만지면 안 된다.

큰 나무 아래, 커피 가루와 물만 있으면 '평온한 커피' 한잔이 뚝딱 만들어지는 커피숍이 된다.

오카방고 델타의 어느 큰 나무 아래서 마신 커피 한잔은 지금껏 마신 커피 중 가장 '평온한 맛'이었다. 적당한 바람, 적당한 온도, 적당한 풍경 때문이었을까. 그곳이 눈 돌아갈 만큼 예쁘게 꾸며져 있었다면 커피 맛은 느끼지도 못하고 눈만 돌아갔을 거다. 항상 그랬다. 인테리어가 훌륭한 커피숍에 가면 사진을 찍느라 바빴다. 커피 맛은 기억나지도 않았다. 예쁜 소품과 배경이 담긴 사진만 휴대폰에 가득했다.

가이드는 돗자리까지 내어 주며 바람이 적당히 좋으니 누워 보라고 권했다. 시야 가득 하늘이 반, 물풀이 반 들어찼다. 그 중간 어디쯤에 동물들이 왔다 갔다 하는, 그곳은 자연적으로 만들어진 커피숍이었다.

커피 타임이 끝나고 워킹 사파리를 하러 갔다. 아프리카의 사파리 투어는 대부분 차에서 내릴 수 없다. 하지만 오카방고 델타 안에서는 걸으면서 동물을 보는 게 가능하다. 그래서 붙여진 이름이 '워킹 사파리'다.

넓은 초원을 걸으며 동물들을 만났다. 물론 동물이 사람에게 가까이 다가오지는 않지만, 차 안에서 지켜보기만 했을 때와는 다른 맛이 있었다. 워킹 사파리가 끝난 뒤에는 다시 커피를 마시고 샌드위치를 먹으며 오카방고 델타 커피숍에서 쉬었다.

안타깝게도 오카방고 델타 투어 여행사의 사장들은 거의 백인이다. 실제로 모코로를 노 저어 가며 투어를 시켜 주는 이들은 아프리카 원주민인데 말이다. 여행객이 지불하는 돈은 사장이 거의 다 가져가고, 가이드에게는 정말 적은 돈만 주어진다. 우리는 이 투어를 위해 보츠와나 돈으로 하루에 850폴라(약 9만 원)를 지불했다. 가이드 아저씨는 여행사를 통하지 않고 자신에게 직접 연락하면 450폴라(약 4만 8,000원)라고 했다. 반값이었다. 도대체 얼마나 많은 수수료를 떼 가는 걸까. 평화로운 대자연이 사실은 수수료의 굴레에 갇혀 있다는 것이 참 씁쓸했다. 가이드에게 다른 한국인 여행객을 소개해 주겠노라고 약속했다.

가이드와의 약속이 아니더라도 오카방고 델타는 누구에게나 꼭 추천해 주고 싶은 커피숍이다. 물론, 실제로 영업을 하는 커피숍은 아니지만 말이다. 이곳에는 시끄러운 잡음이나 다른 사람의 불편한 시선 따위는 없다. 적당한 온도와 시원한 바람만이 존재했다. 흙바닥은 푹신한 소파보다 편안했다.

한참 동안 바닥에 누워 여유롭게 콧바람을 쐈다.

실제로는 화장실도 편의 시설도 없는 허허벌판에 코끼리 똥이 널려 있는 땅바닥일 뿐이었지만, 그 어디에 머무는 것보다 머리와 마음이 상쾌했다. 복잡한 도시에서는 커피숍에 앉아 쉬면서도 쉬는 것 같지가 않았다. 커피 맛도 잘 느껴지지 않았고, 잡음은 스트레스로 다가왔다. 하지만 오카방고 델타 안에서는 달랐다. 공기를 따라 감도는 진한 커피 향과 시원한 바람뿐인 무성의 공간에서 우리 자매는 30년 묵은 근심이 사라지는 느낌이었다.

HOW TO TRAVEL

오카방고 델타
Okavango Delta

세계에서 가장 큰 내륙 삼각주로 2014년에 유네스코 세계자연유산으로 등재됐다. 영구 습지대와 계절에 따라 범람하는 평원으로 이뤄져 있다. 오카방고강Okavango River은 '바다를 찾지 못하는 강'이라는 뜻으로, 강물이 바다가 아닌 칼라하리 사막Kalahari Desert으로 흘러 들어간다. 이 때문에 오카방고 델타를 '칼라하리의 보석' '칼라하리의 오아시스'라고 부르기도 한다. 치타나 흰코뿔소, 아프리카들개African Hunting Dog 등 전 세계적으로 심각한 멸종 위기에 처한 동물들의 고향이기도 하다. 건기에도 물이 마르지 않는 자연조건 덕분에 수많은 동식물의 서식처가 되었다.

모코로 투어

모코로Mokoro는 보츠와나 오카방고 델타 주변에 사는 원주민의 전통 통나무배를 말한다. 나무의 몸통 안쪽을 파서 만든 작은 배다. 모양은 언뜻 보기에 카누와 비슷하다. 모코로를 모는 사람을 폴러Poler라고 한다. 폴러는 모코로 노 젓기와 가이드를 직업으로 삼아 대대로 일한다고 한다.

인터넷, 휴대폰, 텔레비전 등으로부터 벗어나 태초의 자연 속으로 들어가는 오카방고 델타 투어는 크게 두 가지로 나뉜다.

첫 번째는 모코로를 타고 오카방고 델타 안으로 들어가 동물들이 서식하는 지역을 걸으며 워킹 사파리Walking Safari를 하는 방법이다. 모코로를 타고 2시간 정도 가다 보면 속이 훤히 보일 정도로 깨끗한 물을 만날 수 있다. 하지만 오카방고 델타에 있는 식물들을 만지거나 물에 손을 넣으면 절대 안 된다. 식물들이 날카로워 손을 베일 수 있고, 물속 생명체가 손을 물 수도 있다. 지상에 도착하면 가이드와 함께 걸어 다니며 야생동물을 구경한다. 보통 사파리는 차에서 내리지 못하지만 오카방고 델타에선 걸어 다니면서 동물을 보는 독특한 사파리를 경험할 수 있다. 해가 뜨겁고 억센 식물이 많기 때문에 모코로 투어를 할 때는 꼭 긴팔, 긴바지에 운동화 복장을 추천한다.

두 번째는 경비행기 투어다. 아프리카 최대 습지인 오카방고 델타를 하늘에서 보고 싶다면 경비행기를 타고 마음껏 누릴 수 있다.

초베 국립공원은 지상과 물 위에서 모두 동물을 볼 수 있다.

새빨간 피를 묻힌 사자의 이빨

초베 국립공원에서 만난 헌팅 라이언

"대박! 대-애-박! 입 주변에 피가 흥건해."

"100달러를 줄 테니 사자한테 좀 더 가까이 가 주세요."

나와 동생은 '대박', 외국인 여행객들은 '오 마이 갓'이라는 말만 연신 반복했다. 보고도 믿지 못할 장면을 봤기 때문이다. 멸종 위기인 코뿔소보다 더 보기 힘들다는 헌팅 라이언을 만난 것이다.

아프리카 국립공원에서 게임 드라이브를 한다고 해서 매일 원하는 동물을 볼 수 있는 건 아니다. 야생에 사는 동물들이 언제 어디서 툭 튀어나올지는 가이드들도 정확히 모른다. 다만 서식지, 배변 활동, 발자국 등을 토대로 동물들이 출몰할 가능성을 점치며 안내할 뿐이다. 가이드들은 운이 좋아 빅 5(Big Five, 가장 위험한 동물로 코끼리, 사자, 표범, 코뿔소, 물소를 말한다)를 만나면 의기양양하게 팁을 받아 가기도 하지만, 운이 나빠 동물이 없을 경우엔 뻔한 날씨 탓을 하며 여행객을 위로한다.

"지금 초베 지역은 건기라서 동물을 보기 힘들 거예요. 그래도 최선을 다해 찾아볼게요."

새벽 5시부터 시작된 초베 국립공원 오전 게임 드라이브. 가이드는 우리가 차에 타는 순간부터 밑밥을 깔았다. 건기라는 걸 유독 강조하면서 동물을 못 찾아도 탓하지 말라는 뉘앙스를 풍겼다. 하지만 우리가 초베 국립공원에 간 이유는 빅 5 때문이 아니었다. 다른 국립공원과는 달리 초베 국립공원에서는 보트를 타고 초베강 위를 떠다니며 동물을 찾는 보트 사파리가 가능했기 때문이었다.

전날 저녁에 보트 투어를 통해 이미 수많은 하마와 물소, 악어, 코끼리 떼 등을 본 우리는 가이드를 압박할 생각이 없었다. 하지만 우리와 함께 투어에 나선 독일인 가족의 태도는 달랐다.

"동물을 많이 보지 못할 경우 환불을 요청하겠어요."

"환불 퍼센티지는 우리가 본 동물의 개수에 따라 달라질 거예요."

여행객의 입장에선 비싼 돈을 내고 투어를 하는 마당에 동물을 못 본다면 화가 날 수 있다. 하지만 동물원이 아닌 야생에서 아무리 가이드라 해도 무조건 동물을 척척 찾아낼 수 있는 건 아니다. 독일인 가족의 강경한 태도에 놀란 나와 동생은 그저 얼떨떨한 표정을 짓고 있었다. 독일인 가족 덕분에 많은 동물을 보게 될 수도 있지만, 한편으로는 무례하다는 생각도 들었다.

그때였다. 지프차들이 일제히 한 방향으로 달리기 시작했다. 끊이지 않고 무전이 울렸다. 가이드들은 보츠와나어로 다급하게 교신을 했다. 무슨 상황인지 도저히 알아들을 수가 없었다.

"어디 가는 거예요? 무슨 일이에요? 왜 안 알려 주죠? 궁금해요!"

"나도 몰라요. 무슨 일이 있나 봐요. 그냥 따라가 볼게요."

결론부터 말하면 누군가 헌팅 라이언Hunting Lion(사냥하는 사자)을 발견한 것! 가이드들끼리 헌팅 라이언의 위치를 주고받았지만 여행객들에게 미리 말하면 김이 샐까 봐 일부러 안 알려 준 것 같았다. 가뜩이나 자갈 가득한 오프로드라 조금만 빨리 달려도 엉덩방아를 찧는 지프차인데 어찌나 무섭게 달리던지 생명의 위협을 느낄 정도였다. 천장에 달린 손잡이를 꼭 잡고 10여 분을 버티자 지프차들이 한 줄로 쭉 늘어선 광경이 펼쳐졌다.

"표범이라도 한 100마리쯤 나타난 거야? 다들 왜 이렇게 난리 법석이야?"

"고작 사자 한 마리 가지고 이런 거면 우리도 독일인들처럼 환불 요구하자."

그런데 진짜로 저 멀리에 고작 사자 한 마리가 보였다. 머리를 한참 내밀고 봐도, 망원렌즈를 끝까지 당겨 봐도, 사자 한 마리의 머리털만 겨우 보일까 말까 했다. 그런데 지프차가 한 대씩 차례대로 사건 현장을 지날 때마다 '오 마이 갓'이라는 감탄사가 흘러나왔다. 왜 아무도 상황을 안 알려 주는 건지 답답해 죽을 것 같았다.

"대박! 사자가 코끼리 배를 물어뜯었어!"

"으악! 코끼리 내장이 다 튀어나왔어!"

우리가 사건 현장에 도착했을 땐 사자가 이미 코끼리를 드러눕힌 상태였다. 사자들이 가장 좋아한다는 내장 부위를 먹고 있었다. 코끼리는 아직 숨이 붙은 듯 신음 소리를 냈다. 만감이 교차했다. 분명 다큐멘터리에서도 자주 본 장면인데, 야생동물의 세계에서는 당연한 약육강식일 뿐인데, 왜 코끼리가 불쌍해 보였을까? 몸집이 작은 코끼리 두 마리가 뒤에서 그 모습을 쳐다보고 있었다. 혹시 죽어 가는 코끼리의 새끼들이었을까?

　생명이 끊어지지 않은 코끼리를 먹고 있는 사자, 그리고 그 주변에서 숨죽이며 지켜보고 있는 사람들의 모습이 어쩐지 기괴했다. 생태계의 자연스러운 먹이사슬이라고 이해해 보려 했지만 씁쓸함은 어쩔 수 없었다. 배고픈 사자가 야생에서 살아남기 위해 사냥을 하는 건 당연한 일인데 말이다. 배고픈 사자보다는 잡아먹힌 코끼리가 불쌍하게 느껴졌다. 약자의 편에 서서 옹호를 하게 되는 심리는 동물에게도 예외가 아니었다. 우린 어느새 코끼리 편이 되어 사자를 못된 놈 취급했다.

　"저놈 이빨 좀 봐. 빨간 피가 철철 흐르네. 얼마나 먹었으면 배가 툭 튀어나왔어."

　"저 사자 놈도 산 채로 잡아먹혀야 해."

　다른 외국인 여행객들의 반응도 우리와 다르지 않았다. 사자를 향해 연신 '크레이지'를 외쳤다. 우리 팀원인 독일인 가족도 사자를 향해 혀를 내둘렀다. 아침까지만 해도 빅 5를 보거나 헌팅 라이언 같은 보기 드문 상황을 보면 팁을 준다고 했던 그들이었다. 그런데 막상 헌팅 라이언을 마주하니 잔인한 모습에 고개를 돌리는 게 아이러니했다.

처참히 죽은 코끼리와 한껏 배불리 먹고 휴식을 취하는 사자

그 순간 갑자기 우리 지프차에 탄 세르비아인 남자가 소리를 질렀다. 티셔츠 위에 걸치고 있던 빨간 카디건이 바람에 날려 헌팅 라이언 앞에 떨어졌다. 가이드는 옷을 포기하라고 했다. 초베 국립공원 내에서 지프차 밖으로 발을 내밀어 땅에 디디는 것은 불법이기 때문이었다. 그때 다른 팀 가이드가 긴 막대기로 순식간에 카디건을 들어 올렸다. 박수가 터져 나왔다. 대단한 일을 목격한 것처럼 모두가 환호했다. 우리도 마찬가지로 박수를 치며 야단법석을 떨었다.

"여러분, 제가 사자가 보는 앞에서 카디건을 구했어요! 이 멋진 장면을 본 사람들은 10달러씩 내세요!"

가이드의 농담에 웃음이 터졌다. 1,000달러를 주겠다고 장난을 치는 사람도 있었다. 분위기가 느슨해지면서 사람들의 얼굴빛도 달라졌다. 처음 헌팅 라이언을 봤을 때는 다들 잿빛으로 굳었던 얼굴에 혈색이 돌기 시작했다. 뜻밖의 카디건 사건 덕분에 모두들 웃으며 현장을 떠날 수 있었다.

"근데 아까 사자 좀 멋있었던 거 같아. 왜 동물의 왕인지 알겠더라. 머리 털도 멋있고."

"한 방에 배를 물어서 덩치 큰 코끼리를 죽이다니, 진짜 왕이긴 왕인가 봐."

사건 현장을 떠나고 나서야 사자가 멋있었다는 대화가 오갔다. 처음에는 쓰러진 코끼리가 불쌍하게만 느껴졌는데, 그 자리를 벗어나고 나니 뒤늦게 사자가 동물의 왕이라는 사실을 실감했다. 우리가 만약 저 야생에서 살았다면 사자보다는 코끼리의 입장에 더 가깝지 않을까 생각했다. 그래서인지 급작스럽게 마주친 사냥 모습을 보고 코끼리에게 심한 감정이입을 했다. 사자가 못된 것도 아니고, 코끼리가 불쌍한 것도 아닌데 말이다. 뜻하지 않게 마주한 광경 때문에 마음이 안 좋기도 했지만 먹고 먹히는 야생의 실제 모습을 봤다는 것에만 의미를 두기로 했다.

자칫 함부로 발을 내디디면 죽음의 위협이 닥치는 곳, 그 위험천만한 야생에서 헌팅 라이언을 목격하다니 정말 운이 좋았다. 빅 5를 다 보지 못해도 괜찮았다. 헌팅 라이언을 본 독일인 가족은 환불을 요청하는 대신 두둑한 팁을 건넸다. 가이드도 속으로 운이 좋았다고 소리쳤을 것이다.

초베 국립공원
Chobe National Park

아프리카 대륙에서 가장 많은 동물이 밀집해 있는 지역으로 보츠와나 북서쪽에 있다. 국립공원을 가로지르는 초베강 Chobe River에서 이름을 따왔다. 초베강은 보츠와나와 나미비아의 국경을 구분 짓는 기준이다. 보츠와나의 카사네 Kasane 라는 작은 도시에 초베 국립공원 관련 여행사가 모여 있다. 짐바브웨와 잠비아 국경과도 가까워 하루 동안 잠깐 들릴 수도 있다. 초베 국립공원 북쪽으로는 초베강이, 남서쪽으로는 오카방고 델타가 맞닿아 있어 다른 국립공원에 비해 수량이 풍부하다. 초베 국립공원에서는 세계에서 가장 큰 집단을 형성해 이동하는 코끼리 떼를 볼 수 있다. 대략 12만 마리로, 건기에는 초베 강가에서 지내다가 우기에 남동쪽으로 대이동을 한다.

■ **초베 국립공원 홈페이지** chobenationalpark.co.za

초베 국립공원 투어 정보

초베 국립공원은 다른 사파리와 다르게 두 가지 투어가 가능하다. 사륜구동 지프차를 타고 지상을 달리며 게임 드라이브를 하는 투어와 보트를 타고 물 위에서 동물을 찾는 투어가 있다. 지상 투어는 보통 날씨가 비교적 서늘한 아침 일찍 시작된다. 초베 국립공원의 길은 돌과 웅덩이가 많아 사륜구동차가 아니면 출입이 불가능하다. 보트 투어는 보통 강가에서 노을을 함께 보기 위해 오후 늦게 시작된다. 다른 국립공원에서는 가까이 보기 힘든 하마 무리와 물소, 악어 등을 볼 수 있다. 이 지역에만 서식하는 독특한 새들도 볼 수 있다. 새빨간 해가 지평선을 넘어가며 초베강까지 붉게 물들일 때 투어가 마무리 된다.

1. 물소와 하마, 악어 등 강 주변에 서식하는 동물을 많이 볼 수 있다.
2. 초베 국립공원의 하이라이트는 초베강 위에서 노을을 바라보는 것이다.

머리카락을 만져 봐도 될까?

긴 생머리를 부러워하는 아프리카 여성들

"한국인들 머리는 진짜 머리야? 아니면, 붙인 머리야?"

"머리카락 잘라서 나한테 팔 수 있어?"

순간 온몸에 소름이 돋아 움직일 수 없었다. 앳돼 보이는 여자아이들이 머리카락을 쓱 만지더니 몇 가닥을 뽑아 달아났다. 보츠와나 마운 시내에 있는 커피숍에서 더위를 식히기 위해 차가운 음료를 마시며 다음 여행 일정을 정리하고 있을 때였다. 10대로 보이는 어린 여자아이들 네다섯 명이 모여 앉은 옆자리가 유난히도 왁자지껄했다. 우리가 하는 말이 한국말이란 걸 어떻게 알았는지 구글 번역기를 돌려 '안녕하세요' '사랑해요' '고마워요' 같은 간단한 말을 던지기도 했다.

짧은 인사 몇 마디를 나누고 헤어지려는데 순식간에 아이들이 내

머리카락을 조몰락거리며 만지는 게 아닌가. 생각지도 못한 접촉에 굳어 있는데, 이미 머리카락을 다 훑고 나서 뒤늦게 "Can I touch your hair?"라고 묻고는 도망가 버렸다.

아프리카에서는 종종 아이들이 낯선 동양인의 피부가 신기해 손이나 다리를 만져 본다는 얘길 듣긴 했는데, 머리카락을 만진다는 얘긴 들어 보질 못해서 덜컥 겁이 났다. 그때 옆에서 우릴 지켜보고 있던 아프리카 남자들이 깔깔 웃으면서 자초지종을 설명했다.

아프리카 여성들의 부러움과 질투를 동시에 받았던 생머리

"네 생머리가 부러워서 그런 거야."

"도대체 왜?"

"아프리카 여자들은 곱슬머리 때문에 머리카락을 기르는 게 힘들 거든. 봐, 다 남자처럼 짧잖아. 기르면 꼬불거리고 엉키고, 생머리는 절대 못해. 머리카락을 피는 건 정말 말도 안 되게 비싸거든. 대신 레게 머리를 하고 다니는 거야. 네 머리카락 잘라서 팔면 비싸게 받을 수 있는데, 생각 있어? 부자 친구를 소개해 줄게."

지금 막 사춘기에 접어든 아프리카의 여자아이들이 가장 동경하는 건 피부나 패션이 아니라, 바로 헤어였다. 아이들이 여행객의 머리카락을 말없이 몰래 만지고 뽑아 가는 일이 흔하다고 했다.

보츠와나 마운에서 카사네로 가기 위해 밤 버스로 여덟 시간을 이동했다. 너무 피곤해 꾸벅꾸벅 졸았는데, 또다시 누군가 머리카락을 만지는 것 같은 느낌이 들었다. 하지만 주위를 둘러봐도 다들 정자세로 앉아 있을 뿐이었다. 그럴 리 없다고 믿고 싶었지만 귀신이 만진 건가 싶어 소름이 돋았다. 왜 하필이면 내가 이런 일을 겪어야 하는지 상상의 나래를 펴고 있을 때 다시 머리카락이 뽑히는 것 같은 느낌이 들었다. 확 뒤를 돌아보니 어린 여자아이였다. 한 손에 길게 뻗은 머리카락 몇 가닥을 쥐고 있었다.

"이거 내 머리카락 아니야?"

"죄송합니다. 딸이 질투를 한 것 같아요. 부러웠나 봐요. 죄송합니다."

아이 대신 옆에 앉아 있던 엄마가 사과를 했다. 잠시 후 휴게소에서 아이는 엄마에게 혼쭐이 났다. 본의 아니게 미안해진 우리는 아이 엄마를 말렸다.

이런 일은 아프리카의 거의 모든 나라에서 일어났다. 머리를 풀고 다닐 때마다 따가운 시선을 받아야 했다. 한번은 길거리에서 여자아이들이 갑자기 다가와 손을 휙 뻗는 바람에 좀도둑인 줄 알고 소스라치게 놀라며 피했다. 그런데 단순히 머리카락을 만지는 게 목적이었다.

"Fucking Korea."

뭐? 퍼킹? 머리카락을 만지지 못하게 하면 욕을 하는 경우도 있었다. 머리카락 때문에 욕을 먹긴 처음이었다. 아프리카 여행을 하면서도 레게 머리를 해 보겠다는 생각은 없었는데, 욕을 듣고 난 그날 바로 길거리 미용실로 향했다.

"정말 붙인 게 아니네? 이렇게 긴 생머리는 처음 만져 봐. 내가 오늘 이걸 꼭 다 땋고 말 거야."

머리를 땋는 데 심취한 미용사의 불타는 의지 덕분에 두피가 벗겨질 것 같은 고통을 참아야 했다. 그렇게 레게 머리를 하고 배낭을 메니 새롭게 여행을 시작하는 것 같았다. 놀랍게도 머리를 바꾸자마자 아프리카 여성들의 따가운 시선에서 벗어났다.

따가운 시선의 이유는 아마도 갖지 못한 것에 대한 동경, 혹은 낯선 것에 대한 반감 때문이 아니었을까. 그런 감정을 숨기지 않고 바로 앞에서 표현하는 모습이 사실 꽤 신선했다. 나 역시 가끔씩 누군가를 질투하고 부러워하지만 그걸 솔직하게 인정하고 표현하는 일은 쉽지 않다.

여행 내내 긴 머리를 땋거나 묶고 다녔다.

　배낭이 가벼워진 것도 아닌데 몸과 마음이 다 개운했다. 레게 머리를 이리저리 흔들며 다시 여행을 시작했다.

짐바브웨 국경 사무소 입구

짐바브웨 국경에서는 모두 한통속

경찰과 택시 기사의 가격 담합 사건

"국경을 넘는 순간 택시 기사들이 여러분에게 사기를 치려고 달려
들 거예요. 나만 믿어요."
"네! 국경에서 일하는 분이니 꼭 저희를 도와주세요."

보츠와나 카사네에서 짐바브웨 빅토리아폴스로 국경을 넘어가는
날이었다. 우리는 큰 여행 배낭을 짊어지고 국경까지 걸어갔다. 살인
적인 더위에 땀이 줄줄 비 오듯 쏟아졌다. 국경 직원들은 소문대로 만
만치 않았다. 짐바브웨와 잠비아를 넘나들 수 있는 유니비자를 신청
했지만 단박에 거절당했다. 이유는 없었다. 외교부로부터 오늘은 유
니비자를 내주지 말라는 통보를 받았다나 뭐라나.

유니비자를 받으면 50달러로 짐바브웨와 잠비아를 모두 넘나들 수
있지만, 유니비자가 없으면 나라별로 각각 30달러와 50달러씩 무려
80달러를 내야 한다. 어떤 날은 해 주고 어떤 날은 안 해 준다. 여행자

들에게 도착비자를 강요해 먹고 사는 나라라는 소문도 이 때문이었다.

"콜드 드링크Cold Drink라도 줘야 되는 거 아니야? 아까 산 콜라 건네줘 봐."

뇌물의 일종인 콜드 드링크는 말 그대로 차가운 음료를 말한다. 날씨가 워낙 더워서 찬 음료를 건네는 것이 뇌물로 통한다. 길을 알려 주거나 짐을 들어 준 다음, 대 놓고 '찬 음료 하나만 사 줘'라고 말하는 현지인도 많다.

국경 사무소 직원에게 시원한 콜라를 건넸지만 안 통했다. 도장 한 번 찍는데 한 시간을 기다려야 했다. 한참이나 국경 사무소 안에서 발이 묶여 있는데 덩치 큰 직원 한 명이 우리에게 다가왔다. 초록색 제복을 깔끔하게 차려입고 허리춤에는 총을 차고 있었다. 경찰은 아니고 국경 사무소의 보안 요원이라고 자신을 소개했다.

"밖으로 나가면 사기꾼 택시 기사들이 여러분한테 달려들 거예요. 벌써부터 밖에서 코리안만 쳐다보고 있어요."

"우린 빅토리아폴스까지 갈 거예요. 보통 택시비가 얼마죠?"

"아마 100달러를 요구할 텐데, 60달러만 주세요."

"좋은 정보를 줘서 정말 고마워요."

우린 연신 '땡큐 땡큐'를 외쳤다. 우리가 이 보안관을 믿은 데는 나름의 이유가 있었다. 첫째는 말끔하게 갖춰 입은 제복, 둘째는 훌륭한 영어 발음, 셋째는 택시비에 대한 정보 때문이었다. 특히, 밖의 택시 기사들이 100달러를 요구하겠지만 사실은 그 반값 정도인 60달러라

초록색 제복 아저씨를 무조건
믿고 따라가는 나

는 얘기는 매우 솔깃했다. 아프리카를 여행하다 보면 가끔씩 대가 없이 제대로 된 가격 정보를 주는 현지인들이 있다. 땅콩 한 봉지에 2달러를 주고 사려는 우리를 향해 "그거 50센트예요"라고 말하고 유유히 사라지는 경우처럼 말이다. 우리는 보안관이 도움을 주려는 것이라고 확신했다.

결국 유니비자를 받지 못한 채 두 시간 만에 국경을 통과할 수 있었다. 가만히 서 있기만 해도 땀이 흐르는 더운 날씨 때문에 머리와 목에 물을 붓고 있는데, 택시 기사들이 몰려들었다. 보안관 아저씨의 말이 맞았다. 보안관과 우리는 눈짓으로 서로에게 말했다. 언제부터 알던 사이라고 그런 눈짓 대화가 가능했는지, 믿음의 위력은 엄청났다.
'어떤 택시를 타야 해요?'

'내가 배낭을 진짜 택시 기사의 차 트렁크에 실어 줄게요.'

보안관 아저씨가 골라 준 택시에 오르려고 하는 순간 일이 터졌다. 또 다른 택시 기사 세 명이 다가오더니 배낭을 트렁크에서 꺼내 팽개쳤다. 그렇게 싸움이 시작됐다. 배낭은 싸움의 전리품이라도 된 듯 누군가 우위를 차지할 때마다 이쪽저쪽으로 옮겨졌다. 모두가 배낭을 사수하기 위해 거친 말을 쏟아 냈고 순식간에 아수라장이 됐다. 아, 우리 가방인데…….

서로 우릴 손님으로 데려가겠다고 싸웠다. 삿대질을 넘어 서로의 멱살을 잡기 시작하더니 곧 치고 박는 몸싸움으로 이어졌다. 도저히 보고만 있을 수 없어 국경으로 다시 돌아가 경찰을 불러왔다. 경찰은 껌을 씹으며 별일 아니라는 듯 어슬렁어슬렁 걸어왔다.

"도와주세요. 우린 빅토리아폴스로 가야 하는데, 택시 기사들이 싸우고 있어요."

"저만 믿어요. 저는 짐바브웨 경찰이에요. 내가 지정한 택시를 타세요."

그렇게 경찰이 지정한 택시를 타려고 하는데, 낡은 옷차림의 남자가 다가와 속삭였다.

"30달러! 30달러! 제발 나를 믿어요. 여기 있는 사람들 전부 택시기사가 아니에요."

이건 또 무슨 소리란 말인가. 택시 기사들이 아니라고? 짐바브웨 입국과 동시에 혼이 쏙 빠졌다.

속사정은 이랬다. 보안관과 경찰, 택시 기사가 짜고 치는 고스톱이었다. 먼저 보안관이 국경을 통과하는 여행객에게 슬그머니 택시비 정보를 흘린다. 사실 택시비는 30달러면 충분했다. 하지만 60달러라는 정보를 얻은 여행객은 보안관이 지정한 택시를 탄다. 택시 기사는 30달러를 갖고 보안관과 경찰이 15달러씩 나눠 가진다. 결국 보안관과 경찰이 깐 판에 우리가 걸려든 꼴이었다. 그것도 모르고 보안관과 경찰이 지정한 택시를 탈 뻔했다. 게다가 짐바브웨 국경 사무소 안에 주차된 택시는 모두 가짜였다. 법적으로 국경 정문 바깥쪽에서만 택시 영업이 가능했다. 그러니까 국경 사무소 안에 대기 중인 사람들은 보안관이나 경찰과 한패를 먹은 일반인들이었다. 개인용 차를 가지고 영업을 하는 것이었다.

'에라, 모르겠다' 하는 마음으로 제일 싼값을 부른 아저씨의 차에 탔다. 그 와중에 우리에게 진실을 말해 준 유일한 사람이었다. 드디어 차 트렁크에 배낭을 싣고 뒷좌석에 올랐다. 창문도 없고 계기판도 고장 난 허름한 차였다. 좌석 쿠션은 푹 꺼졌고, 음식물인지 뭔지 모를 더러운 자국으로 시트는 온통 지저분했으며 찢겨진 부분도 많았다. 아저씨의 행색도 말이 아니다. 다 찢어진 티셔츠는 몇 달이고 빨지 않은 것 같은 모양새였다.

"드디어 믿을 만한 사람을 만났네. 빨리 여기서 빠져나가고 싶어."

"결국 택시비는 30달러라는 거잖아? 완전 사기당할 뻔했어."

우리는 곧 자화자찬을 시작했다. 큰 고비가 있었지만 사기를 당하지 않았다는 사실에 어깨가 한껏 으쓱해졌다. 하지만 마지막 반전이 남아 있었다. 출발 직전 택시 기사가 경찰과 보안관에게 5달러씩을 쥐어 준 것이다. 태우고 갈 수 있게 허락해 줘서 고맙다는 뇌물이었다. 그리고 자신은 20달러만 가졌다. 우리는 할 말을 잃었다. 이 사기극의 끝은 대체 어디일까.

빅토리아폴스까지는 국경에서 한 시간 정도가 걸렸다. 창문도 없고 에어컨도 없는 차 안으로 뜨거운 자외선이 그대로 내리쬈다. 우리는 찌는 듯한 더위에 숨을 헐떡이며 늘어졌다. 하지만 우릴 태운 아저씨는 기분이 무척 좋는지 도로에 코끼리가 난입하자 차를 세우고는 신나게 말했다.

"사파리 말고 이렇게 길거리에서 코끼리 본 적 있어요? 신기하죠? 사진 찍어요."

"아, 사진 찍을 시간 줘서 고마워요."

마치 가이드처럼 친절했다. 아저씨는 자신을 빅토리아폴스 타운십 Township에 산다고 소개했다. 타운십은 가난한 사람들이 모여 사는 빈민촌을 말한다. 직업은 따로 없다고 했다. 우리에게 받은 20달러가 거의 한 달간의 생활비라고 했다. 그 돈으로 딸들에게 맛있는 걸 사 주고 싶다고 했다. 사정이 이렇다 보니 아저씨한테 택시비에 대해 따지거나 화를 내기도 어정쩡했다.

짐바브웨는 아프리카 최빈국 중 하나다. 20달러는 타운십 사람들에게 정말 큰돈이다. 빅토리아폴스의 마을을 걷다 보면 짐바브웨 화폐를 몰래 건네며 1~5달러에 사 달라고 구걸하는 사람들이 있다. 짐바브웨는 화폐경제가 망해서 자국 화폐를 사용할 수 없는 상태가 됐다. 짐바브웨 화폐에는 0이 셀 수 없을 정도로 많이 찍혀 있다. 1조, 5조, 심지어 10조짜리 지폐도 있었다. 이렇게 수조 원이 넘는 지폐는 여행객의 기념품으로 전락했다. 자국의 지폐를 여행객에게 팔다가 적

숫자 0이 끝없이 붙어 있는 짐바브웨 화폐

발되면 큰 벌금을 물기 때문에 판매는 암암리에 이뤄진다. 거리를 걷고 있으면 귓속말로 "빌리언, 밀리언"이라며 호객 행위를 한다.

나라 사정이 이렇다 보니 비리 경찰이 말도 못하게 많다. 아프리카 여행 중 만난 한국인 부부는 렌터카를 타고 짐바브웨 국경을 넘으려다 100달러를 뜯겼다고 했다. 경찰이 렌터카 여행객의 돈을 뜯는 이유도 다양하다. '남아공에서 빌린 렌터카는 불법이다' '차 번호판이 이상하다' 등 아무 이유나 가져다 대고 돈을 요구한다.

"고마워요, 정말! 고마워요! 고마워요! 내 차를 타 줘서 너무 너무 고마워요. 안전한 여행하길 바랄게요."

아저씨는 우리를 숙소 앞에 내려 주고 짐까지 옮겨 준 후 돌아갔다. 연신 고맙다는 말을 했는데, 우리에게 받은 20달러가 정말 큰돈이기 때문이었을 거다.

"그 아저씨 우리한테 받은 돈으로 뭐 샀을까?"

"그러게. 그 아저씨도 경찰이랑 보안관한테 돈을 줬는데, 왜 사기당한 게 아니라 아저씨를 도와준 것 같은 기분이 들지?"

찌는 듯한 더위에 사기까지 당했지만, 결과적으로 우린 무척 기분이 좋았다. 평소 같았으면 경찰 욕을 하느라 정신없었을 텐데, 비리 경찰과 보안관은 어느새 새까맣게 잊었다. 빅토리아 폭포를 구경하면서도 20달러를 가지고 집으로 돌아간 아저씨에 대한 이야기가 쭉 이어졌다. 그 돈으로 뭘 했을까. 맛있는 식사를 했을까. 딸들이 좋아했을까. 알 수는 없지만, 20달러라는 적은 돈이 누군가에게는 큰 행운이 될 수도 있다는 걸 생각하니 이상하면서도 뿌듯했다.

짐바브웨 화폐

짐바브웨는 지난 2008년 2억 3,000만%라는 물가 상승률을 기록했다. 초인플레이션을 겪을 당시 달걀 3개의 가격이 1,000억 짐바브웨 달러를 넘었다고 한다. 30여 년 전까지만 해도 '아프리카의 곡식 창고'라고 불렸지만, 로버트 무가베Robert Gabriel Mugabe 대통령의 독재정치가 경제를 망치기에 이르렀다(무가베는 지난 2017년 11월, 37년 독재에서 물러났다).

무가베는 2005년에 백인 소유의 토지를 특별한 보상 없이 몰수하는 법안을 제정하고 강제 몰수했다. 이 토지를 원주민에게 무상으로 돌려줘야 한다는 입장이었다. 비옥한 농지의 70% 이상을 차지하고 있던 백인 농민들은 반발하며 짐바브웨를 떠났고, 이는 유럽 등 서양 국가와 대립하게 되는 원인이 됐다. 여기에 IMF와 세계은행 등 국제금융기구와도 갈등을 겪으며 외화가 고갈되고 농업과 산업이 침체를 겪기 시작했다. 엎친 데 덮친 격으로 홍수와 가뭄이 교차하면서 최악의 경제난이 찾아왔다.

나라를 일으켜 세울 돈이 없자 무가베는 마구잡이로 화폐를 발행했다. 이 때문에 돈의 가치는 떨어지고 물가는 폭등했다. 결국 2008년 초인플레이션으로 2억 3,000만% 물가 상승률을 기록했다. 이는 100원이었던 물건이 2억 원을 넘었다는 뜻이다. 역사상 최고액권인 100조 짐바브웨 달러가 만들어진 것도 그 당시. 짐바브웨 국민들은 티셔츠 한 장을 30억 달러, 달걀 세 개를 1,000억 달러, 음료수 하나를 3억 달러에 사는 꼴이 됐다. 결국 2009년에 자국 화폐를 폐기했다. 2015년에는 미국 달러와 유로, 중국 위안, 인도 루피 등을 법정 화폐로 지정했다.

인구의 80%가 실업자 신세로 전락하면서 짐바브웨는 가난한 나라가 되었다. 이 때문에 치안이 불안정하고 비리 공무원, 경찰들이 많아 여행 시 각별히 조심해야 한다. 짐바브웨 여행을 하다 보면 0이 여러 개 붙은 가치 없는 화폐를 보여 주며 5~20달러에 파는 사람들이 있다. 우리는 3달러 정도에 짐바브웨 화폐 여러 장을 기념품으로 사 왔다. 화폐를 기념품으로 팔아서 생계를 유지하고 있는 안타까운 현실이다.

빅토리아 폭포 잠비아 사이드 꼭대기! 웃고 있지만 실제론 다리가 후들후들할 정도로 무서웠다.

악마의 수영장에 뜬 쌍무지개

108미터 높이 빅토리아 폭포 위에서 수영을

"미친 거야? 빅토리아 폭포 끝에 들어간다고? 떨어지면 그대로 죽
　는 거잖아?"

"가이드랑 같이 안전하게 들어간대. 가기도 전에 오버 좀 하지 마."

"발 미끄러져서 폭포 아래로 추락하면 어떻게 할 건데?"

"죽은 사람 한 명도 없대. 호들갑 좀 그만 떨어."

　동생은 아프리카 여행 중 가장 하고 싶은 액티비티로 '악마의 수영
장'을 꼽았다. 번지점프도 스카이다이빙도 래프팅도 아닌 악마의 수
영장이라니, 나는 처음 듣는 말이었다. 동생은 유튜브로 악마의 수영
장 영상을 보여 줬다. 믿기 힘들었다. 빅토리아 폭포 꼭대기에서 다이
빙으로 물속에 뛰어드는 영상은 분명 조작된 것이라고 생각했다.

　세상에서 가장 무섭고 아찔한 여행지 TOP 10 안에 든다는 악마의
수영장은 1년 중 9~10월에만 방문이 가능하다. 그때가 되면 빅토리아

폭포가 건기에 접어들어 수량이 현저하게 줄어들기 때문이다. 도대체 누가 이런 곳을 관광지로 만들었단 말인가. 세상에서 가장 긴 빅토리아 폭포를 보는 것만으로도 장관일 텐데, 굳이 폭포수가 떨어지는 맨 위에서 왜 수영을 해야 하는 걸까. 나는 도저히 이해할 수가 없었다.

악마의 수영장에 갈지 말지를 두고 실랑이가 벌어졌다. 나는 여행을 하면서 항상 '안전'을 최우선 시 했지만 동생은 '스릴'에 초점을 맞췄다. 언제 다시 갈 수 있을지 모르니 할 수 있는 모든 걸 해 보자는 식이었다. 남아메리카 에콰도르 여행 때도 동생의 성화에 못 이겨 폭우가 쏟아지는 날 래프팅을 했는데 급류에 휘말려 위험천만한 일을 겪었다. 그때의 악몽이 떠올랐다.

"악마의 수영장에 갔다가 떨어져 죽은 사람 있어요?"

"떨어져 죽었어도 세상에 알려지지 않았겠지? 하하하."

잠비아에 도착하자마자 에어비앤비 숙소 주인에게 악마의 수영장에 대해 물었다. 아저씨의 답변에 나의 공포감은 더욱 심해졌다. 악마의 수영장에 가는 날까지 마주치는 모든 여행객과 현지인들에게 질문을 했다. 악마의 수영장에서 죽은 사람이 있냐고. 대답은 모두 똑같았다. 떨어져 죽은 사람이 있었다고 해도 한국까지 알려지지는 않았을 거라고 했다.

악마의 수영장에 가는 날, 혹시라도 미끄러져 죽을까 봐 슬리퍼 대신 운동화 끈을 질끈 묶어 맸다. 카메라에 신경 쓰다가 사고라도 날까 싶어 항상 들고 다니던 DSLR도 숙소에 두고 나왔다. 미국인 노부부 두 명과 체코와 호주에서 온 두 커플까지 모두 여덟 명이 함께 출발했다.

리빙스턴 호텔에서 출발한 보트는 빅토리아 폭포 위를 거칠게 내달렸다. 폭포 끝자락 지상에 도착하는 건 순식간이었다. 우기에는 물줄기가 떨어져 내려가는 곳인데 건기에는 사람들이 걸어 다닐 수 있을 정도로 물이 바짝 마른다.

가이드는 본격적으로 악마의 수영장에 가 보자며 핸드폰과 카메라를 모두 수거해 갔다. 사진은 여행객 대신 가이드가 다 알아서 찍어 준다. 사진이 가장 잘 나오는 장소에 여행객을 앉혀 놓고 수십 장을 연사로 찍는다. 혹시라도 고가의 전자 기기가 폭포 밑으로 떨어지는 걸 방지하기 위해 가이드가 모든 사진을 대신 찍어 주는 시스템이다.

우린 수영복으로 갈아입고 물속으로 들어갔다. 물속에는 굵은 줄이 바위와 바위 사이를 연결하고 있었다. 마치 생명줄 같은 줄을 잡고 조심조심 발을 내디뎠다. 물에 잠긴 바위들이 어찌나 날카롭던지 조금이라도 헛디뎠다간 베일 것 같았다. 아니 미끄러지기라도 하면 순식간에 목숨이 날아갈 판이었다.

악마의 수영장 근처에 도착하자 물안개가 자욱했다. 108미터의 높이에서 떨어지는 물소리의 굉음은 엄청났다.

폭우를 맞은 것처럼 금세 물을 뒤집어썼다. 폭포 소리 때문에 바로 옆에서 하는 말조차도 잘 들리지 않았다.

"우와! 쌍무지개야! 투 레인보우! 투 레인보우! 저기 좀 봐! 투 레인보우!"

쌍무지개와 폭포의 굉음이 압도적인 악마의 수영장

"코리안, 무지개 처음 봐요? 하하하. 난 매일 봐요. 발이나 조심해요. 엄청 미끄러울 거예요!"

쌍무지개를 보고 흥분해서 가이드에게 말해 봤지만 반응이 영 까칠했다. 가이드는 여행객의 안전을 챙기느라 정신이 없었다. 우리가 한눈을 팔지 않도록 계속 신경을 썼다. 어떤 바위를 밟으면 안 되는지, 어디가 미끄러운지, 어떤 자세로 서 있어야 안전한지 등 잔소리가 끊이질 않았다.

수영을 못하는 나는 결국 가이드의 등에 업혀 깊이가 4미터나 되는 악마의 수영장으로 들어갔다. 수영을 할 줄 아는 여행객들 중에는 겁도 없이 점프를 해서 수영장으로 뛰어드는 이들도 있었다. 악마의 수영장 끝자락, 빅토리아 폭포 끝에 매달려 아래를 내려다봤다.

무서운 속도로 떨어지는 물줄기와 엄청난 굉음, 하얗게 피어오른 물보라와 쌍무지개를 보니 여길 오길 정말 잘했다는 생각이 스쳤다.

"진짜 엄청나! 어떻게 우리가 폭포 끝에 매달려 있을 수 있지?"

"그러니까 죽기 전에 꼭 와 봐야 한댔잖아. 안 왔으면 후회할 뻔했지?"

죽기 전에 와 보길 잘했다고 느꼈을 만큼 만족스러웠던 악마의 수영장 도전

우리는 지금껏 여행을 하며 각자 행동한 적이 한 번도 없었다. 같이 돈을 모으고, 같이 여행 계획을 세웠다. 여행지에서도 단독 행동은 없었다. 싸우는 일이 있어도 한 명은 나가 버리고 한 명은 숙소에 남거나 하진 않았다. 각자의 취향대로 '따로' 다니기보다는, 각자의 취향을 존중해 '함께' 돌아다녔다. 예를 들어 동생은 잠비아와 짐바브웨에서 '악마의 수영장'에 가고 싶어 했고, 나는 '사자와 걷기 투어'를 하고 싶었다. 그러면 각자 따로 여행하는 것이 아니라, 두 곳을 모두 함께 가는 것이다.

가족, 친구, 연인 등과 함께 여행을 가게 되면 각자 스타일과 취향이 달라 애먹을 때가 많다. 함께 간 여행에서 자기만의 생각을 고집한다면 차라리 혼자 가는 것이 낫다는 게 우리의 생각이다. 그래서 우리는 함께 비행기 표를 끊은 이상 서로의 취향을 존중하기로 약속했다. 그러다 보니 종종 하기 싫은 일도 생기지만, 사실은 모든 걸 함께하길 바라는 속마음도 있었다. 동생은 내가 지레 겁먹고 포기할 뻔한 여행지에 도전할 수 있게끔 도와주고 싶었을 거다.

싫은 것도 좋은 것도, 함께 얘기할 수 있는 상대가 있다는 것 자체가 큰 장점이었다. 그래서 어쩌다 보니 우리 자매는 몇 년째 '여행 동행자' 관계를 유지하고 있다.

결국 동생은 그토록 가고 싶었던 빅토리아 폭포 꼭대기에 섰다. 그리고 동생이 아니었다면 나는 쌍무지개가 뜨는 이 끝내주게 멋진 광경을 마주하지 못했을 거다.

빅토리아 폭포
Victoria Falls

빅토리아 폭포는 잠비아 북서쪽에서 시작되어 짐바브웨와 모잠비크Mozambique를 거쳐 인도양으로 흘러드는 2,740㎞ 길이의 잠베지강Zambezi River 상류에 있는 폭포다. 1855년에 영국의 탐험가 데이비드 리빙스턴David Livingstone이 발견해서 빅토리아 여왕의 이름을 따 빅토리아 폭포라고 불렸다. 현지인들은 모시오아툰야Mosi-oa-Tunya 폭포라고 부른다. 모시오아툰야는 '천둥소리가 나는 연기'라는 뜻이다. 빅토리아 폭포는 나이아가라Niagara 폭포, 이구아수Iguazú 폭포와 함께 세계 3대 폭포로 불린다. 폭 1,676m, 높이 108m로 세계에서 가장 긴 폭포다. 우기인 2~3월에는 짐바브웨 쪽에서 우비를 입지 않으면 안 될 정도로 엄청나게 쏟아지는 폭포수와 함께 굉음을 들을 수 있다. 반면, 물이 흐르지 않는 건기인 9~12월에는 폭포 절벽이 그대로 노출되며 또 다른 장관을 선보인다. 악마의 수영장도 잠비아 쪽에서 건기에만 경험할 수 있다.

우기와 건기 모두 매력적인 빅토리아 폭포의 모습

악마의 수영장 예약

악마의 수영장Devil's Pool은 잠비아 쪽에서 건기에 해당하는 9~12월쯤에만 들어갈 수 있다. 수천 년 동안의 침식으로 바위 웅덩이가 형성된 천연 수영장이다. 들어갈 수 있는 기간이 한정되어 있다 보니 여행객들 사이에서도 인기가 좋다. 시간대별로 투어 가격이 다르며, 6~10명을 한 그룹으로 묶어 2~3명의 가이드가 동행한다. 아침에는 브런치, 점심에는 런치, 저녁에는 코스 요리 가격이 투어 비용에 포함된다. 제일 간단한 식사가 제공되는 아침 시간대가 가장 싸다.

악마의 수영장은 꼭 수영복을 입고 들어가야 하며 카메라나 핸드폰 등 전자 기기는 가이드가 맡아 준다. 108m 아래로 떨어지는 거대한 물줄기와 물안개, 쌍무지개 등과 함께 가장 적절한 구도로 알아서 사진을 찍어 준다. 악마의 수영장 끝부분인 절벽에 올라간다거나 여행객들끼리 서로 장난을 치는 위험한 짓은 절대 금지되어 있다. 워낙 위험한 장소이다 보니 웬만하면 가이드가 하지 말라는 행동은 삼가야 한다.

■ **잠비아 & 짐바브웨 여행 관련 사이트**

www.zambiatourism.com
www.zimbabwetourism.net
www.victoriafalls-guide.net

세상에서 가장 무서운 산책

30개월 된 야생 사자와 함께 걷기

"언니, 이 투어는 사자로 돈 벌려는 수작이야. 무슨 한 시간에 170

달러야. 말도 안 돼."

"관광 상품이니까 당연히 돈 벌려고 하는 거지. 알면서도 돈 쓰는

게 여행객 아니야?"

"그래도 우린 가난한 배낭여행잔데, 사자랑 잠깐 걷고 둘이서 35만

원을 내자고?"

"우리가 낸 돈으로 어미 잃은 어린 사자나 다친 사자를 돕는다잖아."

배낭여행을 하다 보면 가끔 너무 비싼 투어비 때문에 망설이는 경
우가 생긴다. 아니, 거의 포기로 이어진다. 모든 생필품을 배낭에 짊
어지고 다니는 배낭여행자이다 보니 가장 신경이 쓰이는 건 '돈'이다.
페루에 갔을 때 나스카라인Nazca Line을 꼭 보고 싶었다. 세계 7대 미스
터리 중 하나인 나스카라인을 하늘에서 볼 수만 있다면 소원이 없겠

다고 말할 정도였다. 하지만 경비행기 투어가 터무니없이 비쌌다. 그 자리에서 투어를 포기했다. 결국 우리는 어쩔 수 없이 공짜 전망대에 올라가서 시야에 보이는 나스카라인의 일부만을 구경했다.

사자와 함께 걷는 투어(라이언 워크)도 2인에 340달러, 거의 35만 원으로 터무니없는 가격이었다. 하지만 쉽게 포기할 수 없었다. 나스

총을 든 전문 가이드들과 함께 야생 사자를 만났다.

카라인은 사진으로나마 볼 수 있지만, 평생 살면서 야생 사자와 함께 걸어 볼 날이 있을까?

라이언 워크를 하냐 마냐를 두고 숙소에서 이틀간 말다툼이 벌어졌다. 말다툼의 쟁점은 가격보다는 사자였다. 누군가가 이 투어에 대해 야생에 있는 사자를 강제로 잡아 와 약을 먹이고 사람들과 함께 사진을 찍게 한다는 글을 인터넷에 올린 적이 있었다. 동생은 불쌍한 사자를 관광 상품으로 전락시킨 나쁜 투어라고 했다. 싸우는 소리가 점점 커지자 숙소 내 여행사 직원이 중재에 나섰다. 그리고 라이언 워크 투어에 대해 자세히 설명해 줬다.

"동물에게 약을 먹여 정신을 놓게 하는 동물 학대는 아프리카에서 불법입니다. 여러분이 말하는 동물 학대는 오히려 아시아에서 행해지는 만행 아닌가요?"

실제로 태국에서는 호랑이에게 약을 먹이고 목에 줄을 달아 여행객과 함께 사진을 찍게 한다.

여행사 직원은 라이언 워크 공식 홈페이지의 주소와 팸플릿을 건네줬다. 자세히 읽어 보고 결정하라고 했다.

"야생에서 어미가 죽었거나, 어릴 때 다친 사자들이 오는 고아원 같은 곳이래. 관광객이 낸 돈으로 사자를 훈련시켜서 다시 야생으로 돌려보내는 프로그램이라는 거지."

단순한 관광이라고 생각했다가 좋은 취지의 프로그램이라는 걸 알게 되면 묘하게 설득당하기 마련이다. 우린 우선 홈페이지에서 사실 확인을 했다. 아프리카 땅에서 사자와 함께 걷는 것만으로도 놀라운 경험인데, 후원까지 할 수 있다니. 결국 설득당한 동생은 라이언 워크 투어를 결정했다.

아침 일찍부터 30여 명이 넘는 사람들이 모였다. 다 함께 간단한 설명을 들었다. 사자와 걷는 프로그램을 만든 이유, 이 프로그램을 만든 단체에 대한 설명, 그리고 어떤 사자를 만나며, 나중에 사자가 야생으로 가기 위해 어떤 훈련을 받는지 등의 설명이 이어졌다. 동생처럼 의심 많은 관광객도 있었다. 혹시 사자에게 약을 먹이고 걷는 것은 아닌지 집요하게 물었다. 가이드는 그렇지 않다는 내용이 적힌 복사물까지 나눠 주며 충분할 만큼 설명했다.

사자와 함께 걷기 전, 가이드는 긴 나무 막대기를 하나씩 나눠 줬다. 몸에 메고 있는 가방은 모두 등 뒤로 숨기고, 몸 앞 쪽으로는 오직 막대기만 허용된다고 했다. 막대기를 놓치면 절대 안 되니 꽉 쥐고 앞으로 탕탕거리며 사자와 함께 걸을 것을 당부했다. 새끼 사자라도 야생의 피가 흐르기 때문에 발톱이나 이빨에 물리면 곧바로 죽을 수 있다고 경고했다. 그렇게 우리는 기대와 두려움에 휩싸인 채 사자를 만나러 갔다.

30개월 된 사자 두 마리와 일곱 명의 가이드가 나타났다. 분명 새끼 사자라고 했는데 덩치가 너무 커서 놀랐다. 함께 간 미국인 관광객은 자신도 모르게 목소리를 높였다.

"으아! 사자다!"

"소리 지르지 마세요! 절대 사자 앞으로 가지 마세요! 우리가 하라는 데로만 해 주시길 바랍니다."

악마의 수영장 투어와 마찬가지로 전문 가이드의 인솔 하에 개인행동은 철저하게 통제됐다. 우리는 동행한 그 어떤 사람도 돌발 행동을 하지 않기를 바랐다. 숨 막히는 침묵 속에서 가이드가 시키는 대로 조심하고 또 조심해야 했지만 큰 불만은 없었다. 가이드에게 통제당하는 것이 사자에게 물리는 것보다 훨씬 나았기 때문이었다.

"코리안 시스터즈, 나오세요. 언니가 사자 두 마리와 함께 걸어갈게요. 동생은 일직선으로 평행을 유지하면서 자연스럽게 걸으며 언니를 찍어 주세요. 언니랑 사자보다 앞으로 나가면 절대 안 됩니다."

1. 너무 무서워서 사자를 만지지 못하고 손을 살짝 띄운 채 함께 걸었다.
2. 동생은 겁 없이 사자의 엉덩이를 찰싹찰싹 쳤다. 그런데 웬걸? 사자들이 좋아했다.

"사자가 멈췄어요! 어떡해요!"

어쩐 일인지 내 차례가 되자 사자들이 굳은 자세로 멈췄다. 나도 덩달아 얼음장이 되어 그대로 멈춰 버렸다. 사실 주변의 모든 사람들이 얼어 버렸다. 사자는 조용히 멈춰서 귀를 움직이고 코를 벌렁거렸다.

"모두 가만히 있어요. 사자의 청각은 수 킬로미터에 이릅니다. 지금 다른 데서 기린이나 코끼리 소리가 나서 경계하고 있는 거예요."

나는 뜻하지 않게 사자와 함께 정지 자세로 있을 수 있는 행운을 얻었다. 동생은 그 순간을 놓치지 않고 빠른 속도로 셔터를 눌러 댔다. 다른 여행객들도 사자가 멈춘 건 행운이라며 자기 차례가 왔을 때도 그런 일이 생기길 바랐다. 한 명당 사자와 함께 걸을 수 있는 시간은 5분 남짓이다. 사자가 갑자기 뛴다거나, 수풀로 들어가 버리면 함께할 시간이 줄어들기 때문에 아쉬움도 커진다.

"사자 엉덩이를 팡팡 때려 보세요."

"네? 사자를 때리라고요? 농담이죠? 미친 거 아니죠?"

사자를 때리라니 내가 잘못 들은 건가 싶었다. 가이드는 내 앞에 멈춰 서 있는 사자의 엉덩이를 엄청 세게 두들겼다. 난 너무 식겁해서 온몸에 땀이 줄줄 흘렀다. 사자의 심기를 건드린 건 아닌지 걱정됐다. 표정이 굳어진 나를 본 가이드는 웃으면서 사자는 엉덩이를 쳐 주는 걸 좋아한다고 했다. 그래도 난 절대 사자의 엉덩이를 칠 생각이 없었다. 멈춰 있던 사자는 한참이 지나서야 내 쪽으로 고개를 돌렸다. 순간 나는 죄 지은 사람처럼 고개를 숙이고 딴청을 했다. 새끼 사자 앞에서 한없이 작아지는 내 모습은 동영상으로 고스란히 찍혔다. 나중에 팀원들과 다 같이 모여 동영상을 보는데, 내가 어찌나 벌벌 떨고 있던 지 웃음바다가 됐다. 하지만 사자 앞에서 고개 숙인 건 아직도 잘한 일이라고 생각한다.

사자와 함께 걸은 후 강가에 모여 이곳에서 지내고 있는 사자들에 대한 이야기를 들었다. 사자들은 대부분 어미가 죽거나 다쳐 고아가 된 아이들이었다. 국립공원 내 사자 사냥은 불법이지만 돈 많은 서양 인이나 중국인들 일부가 수단과 방법을 가리지 않고 사자를 잡고 싶 어 한다고 했다. 몇 년 전에도 짐바브웨의 상징인 사자 세실Cecil이 한 미국인에 의해 사냥당했다. 사냥한 사자를 전시하듯 박제해 두려는 인간의 과시욕에 씁쓸해졌다.

사라져 가는 사자의 안타까운 사연과 함께 투어는 마무리됐다. 그 때 저 멀리서 수사자의 머리가 보였다. 우리가 함께 걸었던 두 마리의 사자는 모두 암사자였다. 안 그래도 멋진 갈기를 가진 수사자를 가까 이에서 보고 싶었는데 마침 눈앞에 나타난 것이었다. 가이드들은 잠 깐 시간을 내주겠다며 수사자와 사진 찍을 시간을 줬다.

사자에게 등 보이지 않기, 사자가 얼굴을 주시할 경우 막대기로 땅 을 쳐서 시선을 돌릴 것, 사자 앞으로 뛰어가지 말 것 등 다시 한번 주 의 사항을 체크했다. 만약의 사태에 대비해 가이드들이 총을 가지고 있긴 했지만 방심은 금물이었다.

수사자와 걸으며 사진을 찍을 땐 막대기를 동아줄처럼 더 꽉 쥐었 다. 사자가 앞으로 가면 나도 따라갔다. 뒷걸음질 치면 나도 따라 뒤

세 살 된 사자지만 야생성은 그대로다. 야생으로 잘 돌아가길 응원했다.

로 갔다. 사자가 멈추면 나도 멈췄다. 사자가 귀를 쫑긋 세우고 한곳
을 바라보면 나도 따라서 경계했다. 비록 어리지만 맹수의 피가 흐르
는 사자 앞에서는 꼼짝할 수 없었다.

사자 앞에서는 사람들이 모두 나처럼 꼼짝하지 않았으면 좋겠다고
생각했다. 사자를 박제해서 기념품으로 만드는 게 대체 무슨 의미가
있을까. 사자를 사냥하는 이들에게 총 대신 이 막대기를 쥐어 주고 싶
었다. 살아 있는 사자와 함께 걷는 게 얼마나 무서운 일인지 알 수 있
을 테니 말이다.

어린 사자들을 자세히 들여다보면 귀가 찢겨져 있거나 발톱이 빠져 있고 목에 물린 상처가 있는 경우도 있다. 야생에서 한창 적응해야 할 시기에 사냥꾼이 어미를 죽여 길을 잃은 아이들이다. 우리가 낸 투어비의 일부가 이 어린 사자들을 구조하고 보호하는 일에 쓰인다면 뭐, 35만 원도 그렇게 터무니없는 가격이 아니라는 생각이 들었다. 자화자찬에 일가견이 있는 우리는 언제 말다툼을 했냐는 듯이 라이언 워크에 참여하길 잘했다고 서로를 칭찬했다.

TRAVEL TIP

라이언 워크

라이언 워크Lion Walk 투어를 신청하면 사자와 함께 산책할 수 있다. 사자와 걷는 프로그램의 이름은 '라이언 엔카운터Lion Encounter'라고 한다. '사자와의 만남'이란 뜻이다. 라이언 엔카운터는 아프리카 사자의 안전한 미래를 보장하는 사자 보존 프로그램이다. 사육된 어린 사자들을 다시 야생으로 돌려보내는 아프리카 최초의 프로그램이다. 아프리카의 사자는 지난 20~30년 동안 약 80%가 감소했다.

사자 보전 기금 마련을 위해 NGO 단체인 ALERTAfrica Lion Enviornment Research Trust와 연계해 운영하고 있다.

▪ 라이언 워크 홈페이지
www.lionencounter.com

라이언 엔카운터 프로그램

1단계	**Pre-release Stage**	새끼 사자들을 데리고 숲으로 산책을 나간다. 이 과정을 통해 숲에 대한 적응력과 사냥 능력을 향상시킨다. 관광객이 참여할 수 있다.
2단계	**Release Stage**	모든 인간의 손길에서 벗어나 사자 무리 속으로 들어간다. 숲속에서 사냥하는 자연 습성을 기르게 된다.
3단계	**The Wild**	야생에서 진정한 사자로 다시 태어난다.

3장

동아프리카

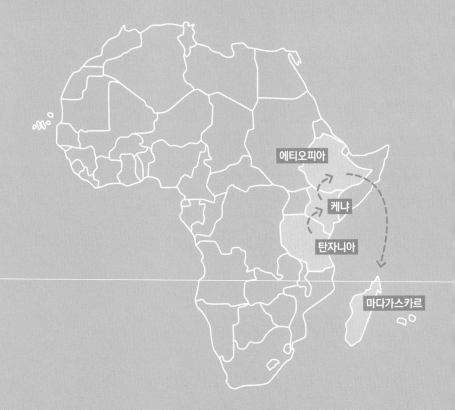

타자라 열차와 함께 흐르는 아프리카의 삶

잠비아 뉴 카피리음포시에서 탄자니아 다르에스살람까지 2박 3일 기차 여행

"서른 살이면 몇 번 결혼했어요?"

"네? 아직 결혼도 안 하고 애도 없어요."

"네? 그럴 리가요. 왜 아기가 없어요?"

아프리카를 여행하면서 현지인들의 삶을 직접적으로 경험하긴 어렵다. 관광지에서 유명한 투어를 하고, 맛집으로 소문난 레스토랑에서 식사를 하다 보면 여기가 아프리카인지 유럽인지 체감하기 힘든 날도 많다. 친절하게 길을 안내해 준 현지인, 에어비앤비의 주인, 여행지에서 만난 투어 가이드 등 계속해서 아프리카인을 만났지만 목적 있는 대화만 나누는 경우가 대다수였다. 아프리카의 진짜 삶을 엿보기 위해 원주민을 찾아가 볼까 생각하기도 했지만 말리는 이들이 많았다. 원주민들도 관광산업에 물들어 사진을 찍어 주고 돈을 받기에 바쁘다고 했다. 그래서 우리는 '타자라 열차'를 탔다.

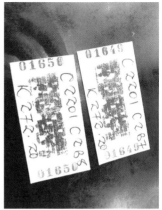

타자라 열차와 열차표, 작은 종이로 된 열차표는 승무원들이 수시로 검사한다.

타자라 열차는 잠비아의 '뉴 카프리음포시'와 탄자니아의 '다르에스살람' 구간을 잇는 열차를 말한다. 잠비아의 수도 루사카Lusaka에서 탄자니아의 수도 다르에스살람까지 비행기로 두 시간이면 날아갈 수 있지만 현지인들과 몸소 부딪혀 보고 싶었던 우리는 60여 시간의 기차 여행을 택했다.

타자라 열차는 여자와 남자가 함께 지낼 수 없다. 2등석 침대칸을 잡은 우리는 현지인 승객을 포함해 여섯 명이 생활했다. 우리 방에는 잠비아인 할머니, 젊은 아기 엄마와 아이, 탄자니아 아주머니가 함께했다.

"아이 눈이 정말 예뻐요."

"벌써 세 번째 아빠 아기예요. 코리안 자매는 아기는 어떻게 하고 아프리카까지 왔어요?"

아이 엄마는 우리보다 훨씬 어려 보였다. 우리가 30대라고 하자 결혼 여부와 아이에 대해 물었다. 결혼은 안 했고, 직장에 다니다가 여행을 왔다고 하니 엄청 놀라는 눈치였다. 도저히 믿을 수 없다며 종교적인 문제가 있거나 혹은 비혼주의냐고 묻기도 했다. 보통 아프리카에서는 16~18세에 결혼을 한다고 했다. 우리도 놀라기는 마찬가지였다. 아프리카 여성들의 결혼 적령기나 풍습에 대해 깊게 생각해 본 적이 없었기 때문이었다. 교육을 받는 일이 어렵기 때문에 보통 일찍 결혼을 한다고 했다. 왜 30대가 되도록 결혼을 하지 않았고 아기가 없는지 묻기에 우린 대뜸 돈이 없어서 못했다고 말해 버렸다. 아기 엄마는 기가 찬 듯 여자가 왜 돈이 필요하냐고 했다. 잠비아에서는 결혼할 때 남자가 여자의 부모에게 일정 금액의 돈을 줘야 하는 풍습이 아직 남아 있었다. 그래서 결혼에 대해서는 남자들의 부담이 훨씬 크다고 했다. 우리나라로 따지면 아직 중·고등학생 정도일 젊은 아기 엄마와 결혼에 대한 이야기를 주고받고 있자니 기분이 묘했다. 아프리카에서는 나라나 부족별로 차이가 있긴 하지만 여전히 일부다처제를 유지하는 곳이 많다. 그래서 젊은 엄마가 세 번째 아빠의 아이라고 거리낌 없이 말했나 보다.

60시간 동안 함께한 하우스메이트

남자들이 생활하는 공간에 구경을 갔을 때 자동차 거래를 하는 이노스Enos 아저씨를 만났다. 이노스 아저씨는 매번 타자라 열차를 타고 다르에스살람의 무역항에 가서 일본에서 들여온 토요타 중고차를 산다고 했다. 구입한 토요타를 몰고 다시 2박 3일 동안 먼 길을 달려 잠비아에서 중고차를 거래한다. 아프리카에서는 토요타를 타는 것이 모든 남자들의 꿈이라고 했다. 하지만 꿈을 이루는 사람은 거의 없다고.

아프리카에 온 걸 환영한다며 우리에게 맥주를 쏜 광부 아저씨들은 킬리만자로산에 간다고 했다. 킬리만자로산에 등반하기 위해 몇 년 동안 돈을 모았고 드디어 우정 여행길에 오른 날이었다. 킬리만자로산은 아프리카에 있는 산이니까 쉽게 갈 수 있는 줄 알았는데, 아프리카인들에게도 킬리만자로산은 몇 년간 돈을 모아야만 갈 수 있는 선망의 여행지였다.

좁은 공간에서 함께 생활하며 삼삼오오 대화를 나눴다.

소원했던 킬리만자로산으로 여행을 떠나는 광부들

이노스 아저씨 덕분에 정차할 때마다 안전하게 역 주변을 구경할 수 있었다.

잠시 정차하는 동안 기차 내 휴게실에서 음료수를 마시며 여행 일정을 정리하고 있을 때였다. 기차 밖에서 아이들이 '볼펜'을 달라고 외쳤다. '돈'이나 '먹을 것'이 아닌 볼펜이라니. 처음에는 내 귀를 의심했다. 난 가지고 있던 볼펜 한 개를 열차 밖으로 내밀었다. 순식간에 수십 명의 아이들이 몰려들었다. 아프리카의 시골이나 빈민가에는 학교가 없다. 그런데 학교만 없는 것이 아니라 종이와 펜조차 없었다. 아프리카의 교육 환경은 생각했던 것보다 더 열악했다. 다 쓰지도 않은 펜을 질렸다고 버렸던 내 모습이 생각나기도 하면서, 나눠 줄 수 있는 펜을 더 많이 챙겨 올 걸 하는 아쉬운 마음이 들었다.

휴게실에 함께 있던 현지인들이 말하길 아이들이 '볼펜' 다음으로 원하는 건 '페트병'이라고 했다. 관광객이 마시고 버린 물병이나 음료수병을 모아 생활을 유지한다는 것이다. 볼펜을 받은 아이는 왕이라도 된 듯 볼펜을 하늘 위로 치켜 올리고 뛰어갔다. 그 뒤를 다른 아이들이 따라갔다. 기차에서 이 광경을 지켜보던 현지인들은 볼펜을 차지한 아이가 앞으로 몇 달 동안 대장 행세를 할 수 있을 거라며 껄껄 웃었다.

열차가 정차할 때마다 싼값으로 간식을 사 먹는 재미가 쏠쏠하다.

기차에는 삼시 세 끼를 해결할 수 있는 식당도 있다. 식당에 들어서자 현지인들이 손으로 하얗고 걸쭉한 걸 주무르면서 먹고 있었다. 바로 '시마Nshima'였다. 잠비아 사람들이 식사 때 꼭 챙겨 먹는, 우리나라로 치면 밥이라고 할 수 있는 주식으로 시마의 원료는 옥수수다.

시마는 숟가락이나 포크를 이용하는 것보다 손으로 주물렀다가 먹었을 때 더 맛이 좋다고 한다. 아프리카 사람들은 식사 전에 손을 씻고, 시마를 수제비 반죽처럼 떼어 손으로 주물럭거린 다음 주로 생선이나 치킨, 염소 고기와 곁들여 먹는다.

타자라 열차의 식당에서 우리도 시마에 도전했다. 우리 입맛엔 살짝 심심한 느낌이 들어 매운 칠리소스를 뿌리고 비빔밥처럼 야채를 곁들여 비벼 먹었더니 정말 꿀맛이었다. 시마에 칠리소스를 뿌려 먹는 게 신기했던지 현지인들이 몰려들었다. 너도나도 코리안처럼 먹어 보자며 칠리소스를 뿌렸지만 결국 눈물 콧물을 쏙 뺐다.

잠비아는 잠베지강에서 잡은 생선이 주식이다.

현지인들과 합석해 식사 중인 동생

정차와 지연 운행, 단수 등을 반복하며 60시간 만에 잠비아에서 탄자니아에 도착했다. 2박 3일 정도가 걸렸다. 열차는 정차할 때마다 20~50분가량을 쉬었다. 기차역 바로 앞에 사람들이 모여 사는 집이 있어 근거리에서 현지인들의 생활 모습을 볼 수도 있었다. 기차역 인근에 사는 주민들은 열차의 승객들에게 간단한 현지 음식을 조리해서 팔기도 했다.

우리는 6개의 침대가 있는 2등석 3층에 머물렀다. 비좁은 공간 덕분에 사색이 많아지는 시간이었다.

물론 60시간으로 아프리카 사람들의 삶을 모두 엿볼 수 있는 건 아니었다. 하지만 우리가 현지인들과 가장 가깝게 살을 부딪치며 지냈던 공간이 바로 타자라 열차였다. 그래서 우리 자매에게 타자라 열차는 단순한 교통수단이 아니라 하나의 여행지로 기억됐다.

기차 밖에선 싼값으로 과일과 간식을 사 먹을 수 있다. 망고와 코코넛이 500원, 수박은 200원이었다.

타자라 열차는 하루에도 몇 번씩 기차 고장으로 정차한다. 그럴 때마다 잠깐씩 바깥에 나가 바람을 쐬는 여유를 즐겼다.

타자라 열차 이용 방법

운행 일정

타자라TAZARA(Tanzania-Zambia Railway)는 탄자니아 다르에스살람Dar Es Salaam과 잠비아의 뉴 카피리음포시New Kapiri Mposhi를 잇는 동아프리카 기차다. 열차는 일주일에 두 번, 화요일과 금요일에 완행(3박 4일)과 급행(2박 3일)으로 운행한다. '잠비아→탄자니아' 구간은 화요일이 급행이고, 금요일은 완행이다. '탄자니아→잠비아' 구간은 반대로 화요일이 완행, 금요일이 급행으로 운행된다. 철도 길이는 1,860㎞에 이르며, 총 운행 시간은 36시간이지만 60시간 넘게 걸릴 수도 있다. 외국인 여행자들은 싼 교통비 때문에 타자라를 타는 경우가 많다.

예약 방법

타자라 열차 예약은 인터넷으로는 불가능하다. 직접 현장에서 예매해야 한다. 전화와 이메일로도 가능하지만, 어쨌든 표를 받으러 타자라 열차 사무실에 가야 한다. 타자라 열차는 기본적으로 1등석, 2등석, 3등석으로 나뉜다. 외국인 여행객은 1~2등석을 선호한다. 가족이 아니면 남녀가 같은 칸에 탈 수 없다. 1등석은 한 방에 침대가 네 개, 2등석은 여섯 개다. 3등석은 거의 현지인만 타며, 침대가 아닌 의자 좌석이다. 작은 종이로 된 기차표에 좌석을 써 준다. 열차를 타고 가는 동안 승무원들이 수시로 열차표를 확인하므로 잘 보관해야 한다.

깨끗한 화장실 세면대

1~2등석만 사용할 수 있는 휴게 공간

편의 시설

열차 안에 레스토랑과 바가 있어 식사와 음료 문제는 걱정 없다. 잠시 역에 정차할 때마다 싸고 맛있는 망고, 바나나, 땅콩, 코코넛 등을 살 수 있어 간식을 사 먹는 재미도 쏠쏠하다. 충전 콘센트는 침실과 휴게실에 구비되어 있다. 종종 단수가 되면 씻을 수 없기 때문에 출발 전에 생수 2~3병을 사 놓는 것도 좋다.

주의할 점

레스토랑이나 바에서 일하는 승무원들은 잔돈이 없다며 나중에 돈을 준다고 하고 안 주기도 하니 유의해야 한다. 잠비아 측에서는 잠비아 돈을, 탄자니아 측에서는 탄자니아 돈을 받는다. 기준은 국경이다. 국경을 넘을 때 환전을 해 주는 사람들이 기차에 타 돈을 바꿔 준다.

같은 방 아주머니가 절대 고가의 물건을 방 안에 놓고 화장실이나 레스토랑에 다녀오지 말라고 경고했다. 함께 방을 쓰는 사람들뿐만 아니라 다른 방 사람들이나 승무원, 여행객 등 누가 물건을 훔쳐 갈지 알 수 없다고 했다. 별도의 사물함이나 금고가 없기 때문에 중요한 물건은 알아서 잘 챙겨야 한다. 몸에 지니고 다니거나, 침대 맨 위쪽 짐칸에 꽁꽁 숨겨 두는 걸 추천한다.

북적거리는 식당 모습. 잘 찾아보면 내가 있다!

사고 및 지연 운행

자고 일어나면 레스토랑과 승객 칸의 위치가 바뀌어 있기도 한다. 한밤중에 고장 난 기차를 고치면서 칸을 뒤죽박죽 바꾸는 것이다. 식량과 물이 떨어지면 큰 도시의 역에 멈추고 다시 공급받느라 지연이 잦다. 지연되지 않는 날은 손에 꼽을 정도라고 한다. 열차가 노후해 자주 정차하기 때문에 목적지에 언제 도착할 수 있는지 정확하게 알 수 없다. 미리 예약해 둔 교통수단이나 숙소를 포기해야 하는 경우도 발생한다. 우리는 원래 다르에스살람에 오후 3시 도착 예정이었지만, 실제로는 밤 12시에 도착했다. 여행객들에게 최다 범죄 지역으로 소문난 다르에스살람에서 급작스럽게 숙소를 찾아야만 했다. 그날 가려고 미리 예약해 두었던 잔지바르섬의 숙소비도 날렸다. 열차가 지연되도 현지인들은 아무도 항의하지 않는다.

잠보? 잠보! 주몽을 사랑하는 맨발의 존

한국 드라마를 꿰뚫고 있는 아프리카 청년과의 만남

"잠보, 잠보! 코리아? 카리부 사나. 코리안! 코리안! 잠보, 잠보!"
허름한 옷차림을 한 맨발의 사나이 존은 오랜 친구를 맞이하는 것
처럼 잔지바르 선착장에 도착한 우리를 손가락으로 가리켰다.
'아! 젠장, 딱 봐도 끈질긴 삐끼다. 잘못 걸렸어.'

전날 밤 늦게 탄자니아의 수도 다르에스살람에 도착한 우리는 쪽잠을 잔 후 피곤한 몸을 이끌고 곧바로 잔지바르섬으로 향했다. 잔지바르섬에 들어오기 전, 다르에스살람 선착장에서 짐을 들어 준다는 삐끼 아저씨와 심한 언쟁이 있었다. 덩치 큰 아저씨는 우리 배낭을 훌쩍 들고 냅다 내빼더니, 가방 들어 준 값으로 10달러를 요구했다. 배낭을 들어 준 시간은 단 30초도 되지 않았다. 그런데 수고비를 달라고 하니 어처구니가 없었다. 처음 눈이 마주쳤을 때의 그 친절했던 미소는 금세 사라지고 집어삼킬 것처럼 무서운 눈빛으로 돈을 요구했다.

결국 돈을 주지는 않았지만 계속되는 말다툼에 너무 지쳐 있었다. 그런데 잔지바르섬에 도착해 입국 심사를 마치고 선착장을 빠져나오자마자 또다시 해맑게 웃으며 다가오는 청년과 마주하니 우리는 당연히 삐끼로 의심할 수밖에 없었다.

"반가워. 코리안 맞지? 나 코리안 진짜 좋아하는데!"

"응."

"난 잔지바르인 여행 가이드야. 나한테 배가 있으니까 프리즌 아일랜드에 데려다줄게. 너희한테 물어볼게 많아. 꼭 같이 가자."

"아니, 필요 없어. 우린 돈도 없어. 따라 오지 마."

대꾸할 힘도 없었다. 잔지바르에 도착한 첫날 간신히 존John을 따돌리고 숙소에 도착했다.

우리는 아프리카 여행 중 최장기간인 12일을 잔지바르에서 머물렀다. 그러나 잔지바르 사람들 특유의 넘치는 친화력과 긍정적인 에너지가 우리를 살짝 지치게 했다. '잠보Jambo'라는 인사말이 여기저기서 쉴 새 없이 들려왔다. 잠보는 스와힐리어로 '안녕'이라는 뜻이다. 길거리를 한번 지나갈 때마다 모든 사람들이 '잠보'라고 인사를 건네며 말을 붙였다. 여행사 투어 혹은 물건을 팔려는 목적이 대부분이었다. 잔지바르는 유럽인들의 최대 휴양지 겸 신혼여행지이기도 하다. 그래서인지 잔지바르에 온 여행객들은 돈을 잘 쓰는 편이라 우리 또한 그럴 거라 생각한 듯했다. 그러나 우리는 가난한 배낭여행객이었기 때문에 피곤한 실랑이만 계속됐다.

그중 존은 단연 남달랐다. 아침에 해변을 산책할 때도, 길거리 구멍

가게에서 샴푸를 살 때도, 야시장에서 문어꼬치를 사 먹을 때도 우리의 위치를 어떻게 알았는지 해맑은 미소와 함께 잠보를 외치며 나타났다. 그놈의 잠보.

존은 자신의 배를 타고 프리즌 아일랜드에 가면 세상에서 가장 오랜 산 거북이를 만날 수 있다고 우릴 꾀었다. 마지못해 가격을 물어봤다. 둘이서 20달러만 내면 잔지바르 스톤타운 시내를 전부 관광시켜 주겠다고 했다.

"왜 이렇게 싸게 부르지? 나중에 바가지 씌우는 거 아니야?"

"쟤 배 있는 거 맞아? 섬에 다녀와서 50달러 더 내라고 할 것 같지 않아?"

맨발의 존은 사진 찍히는 걸 좋아했지만 휴대폰이 없어 사진을 보내 줄 수 없었다.

잔지바르에서 며칠 시달린 우리는 평생 속고만 살았던 사람들처럼 의심을 놓지 않은 채 자의 반 타의 반으로 존의 허름한 나룻배에 올랐다. 우리가 배에 오르자 존은 자세를 고쳐 잡고 본격적으로 하고 싶었던 얘길 꺼내기 시작했다. 우리는 당연히 돈을 더 달라는 얘기라고 생각해서 못 들은 척, 배가 너무 흔들린다고 소리를 질러 댔다. 하지만 존이 꺼낸 얘기는 뜻밖이었다.

"Jewel In The Palace(대장금) 알아? Bridal Mask(각시탈)는? Six Flying Dragons(육룡이 나르샤)는?

"그게 뭐야? 영화야? 소설이야?"

"전부 한국 드라만데, 정말 몰라?"

"다시 말해 봐. 처음 들어보는 제목인데?"

"답답하네. You Who Came From The Stars(별에서 온 그대)는? The Legend Of The Blue Sea(푸른 바다의 전설)는? 머리 엄청 길고 인어 역할 한 예쁜 여자, 몰라?"

"다시 한번 더 말해 봐. 한국에선 한국 제목으로 봐서 영어 제목은 모르겠어."

"Prince Of The Legend Jumong(주몽)은?"

그제야 한 단어가 정확하게 들렸다. 주몽! 우리나라 드라마가 분명했다. 영어로 자막을 입힌 우리나라 드라마를 본 적이 없어서 처음엔 무슨 말인가 당황했다. 그런데 아무리 한류가 인기라지만 지구 반대편, 인도양의 작은 섬 잔지바르에 사는 청년이 우리나라 드라마를 대체 어떻게 아는 걸까. 대부분의 아프리카 현지인들은 휴대폰도 없고 집에 텔레비전도 없었다.

다이빙을 알려 주겠다며 화려한 솜씨를 뽐낸 존

　탄자니아에서 한국 드라마가 유행하는 건 아니었다. 중국 드라마를 보는 사람은 있어도 한국과 일본 드라마에 대해선 거의 모른다고 했다. 존이 매우 특이한 경우였다. 우리는 프리즌 아일랜드로 향하는 내내 드라마 얘길 나눴다. 존은 한국 드라마에 나오는 주인공들의 대사가 너무 좋다고 흥분을 감추지 못했다. 특히 로맨스를 그리는 부분이 참 마음에 든다고 했다. 탄자니아에서는 필요할 때마다 인터넷 데이터를 사서 쓰는데, 남들이 유튜브나 페이스북을 할 때 존은 한국 드라마를 다운받는다고 했다.

　"주몽이 가지고 다니는 활! 너희들도 활 가지고 다녀? 한국 사람들은 다 그 멋진 활을 가지고 있어? 한국을 건국한 사람들을 신비의 동물 용에 비교한 거 너무 멋지지 않아? 한국인들은 전지현처럼 모두

흑발의 긴 생머리를 가지고 있어? 인어처럼 수영할 때 머리카락이 너무 아름다워."

아! 인도양 한가운데 나무배 위에서 활에 대한 질문을 받다니. 하지만 우리는 끊임없이 드라마에 대해 질문하는 존에게 제대로 된 대답을 해 줄 수 없었다. 활 쏘는 흉내를 내며 즐거워하는 존에게 괜히 미안했다. 존은 등에서 화살을 꺼내 줌통에 고정시킨 후 활시위를 당기는 모습을 정확히 묘사했다. 나도 동생도 활을 쏴 보기는커녕 주몽도 보질 못했는데, 단순히 드라마 주인공에 대해 묻는 것이 아니라 우리나라의 역사에 대해 물어보니 선뜻 대답할 말이 없었다. 더군다나 영어로 역사에 대해 설명하기엔 역부족이었다. 원하는 이야기를 해 주지 못해 미안했지만, 존의 배를 타고 가는 내내 우리는 기분이 무척 좋았다. 무엇 하나 접점이라곤 없을 것 같았던 존이 우리나라 드라마에 심취해 있다는 것이 신기하고 놀라웠다.

잔지바르에 도착한 첫날부터 존이 우리를 집요하게 쫓아다닌 이유는 한국 드라마에 대해 얘기해 보고 싶어서였다. 굳은살이 박인 흉터투성이 맨발의 존은 며칠째 다 찢어진 허름한 티셔츠를 입고 다녔지만 얼굴엔 항상 웃음이 가득했다. 그가 가진 가장 크고 소중한 재산은 아마도 그 해맑은 미소와 입담이 아니었나 싶다. 영화 만드는 일을 하고 싶었지만 여건이 되지 않아 포기했다는 존은 시나리오를 쓰기도 한다고 했다. 그 이야기가 영화로 만들어질 일은 없겠지만 혼자 간직하는 것만으로도 좋다며 특유의 해맑은 웃음을 지었을 때는 마주 보고 함께 웃었다.

거북이들은 목 부위를 만져 주면 일어났다. 마사지를 받는 것처럼 좋아한다고 했다.

프리즌 아일랜드에는 지구 상에서 가장 나이가 많다는 192살의 거북이가 있었다.

노예 섬이 될 뻔한 프리즌 아일랜드에는 거북이들이 정말 많았다. 주변의 다른 가이드들은 다들 진지한 표정으로 설명을 했는데, 드라마를 많이 본 존의 설명은 역시 남달랐다.

"대낮인데 거북이들이 다 자고 있어."

"거북이들끼리 어젯밤에 클럽에 갔대. 다들 많이 마셔서 숙취인 거 같아."

"여기 물웅덩이는 뭐야? 거북이가 빠진 거 아니야?"

"물웅덩이라니, 여긴 거북이 전용 개인 풀장이야. 이놈들 어제 여기서 풀Pool 파티 했나 보네."

질문마다 말도 안 되는 설명이 돌아왔지만, 너무 재밌어 큰 소리로 웃고 말았다. 혼자 시나리오를 많이 써 봤다더니 이야기꾼다운 면모가 존의 말 한마디 한마디에 녹아 있었다. 하지만 장난스러운 대답 뒤에는 가이드답게 자세한 설명을 덧붙이는 것도 잊지 않았다.

존과 반나절을 함께 보내고 헤어질 때는 약속대로 20달러의 가이드비와 5달러의 팁을 주었다. 그리고 우리에게 유쾌한 시간을 선물해 준 존을 위해 필요한 한국 드라마가 있으면 잔지바르 숙소에서 다운받아 주겠다고 했다. 하지만 존은 손사래를 치며 직접 다운받는 게 더 빠르다고 거절했다. 한국을 좋아한다는 이유만으로 가이드를 자처하고 재밌는 추억을 잔뜩 안겨 준 존에게 작은 선물이라도 하고 싶었던 우린 숙소에 다녀올 테니 조금만 기다리라고 말했다. 한국에서만 구할 수 있는 물건을 선물하고 싶었다. 하지만 존은 역시 그럴 필요 없다고 거절하며 짧고 굵게 작별 인사를 했다.

"잘 가! 다음에 잔지바르에 또 오게 된다면, 주몽의 활을 가져다 줘."

잔지바르
Zanzibar

잔지바르는 페르시아어 잔지zanzi(흑인)와 바르bar(해안)가 합해진 말로 '검은 해안'이라는 뜻이다. 고대에 페르시아인들이 와서 살았고, 1107년에 처음 이슬람 사원이 설립됐다. 페르시아인들은 잔지바르섬을 아프리카와 중동, 인도를 연결하는 무역항으로 사용했다. 각종 향신료와 노예를 거래하는 시장으로 번영했다. 1828년부터는 오만의 수도였으며, 1964년에 탄자니아령이 됐다. 현재는 유럽인들이 즐겨 찾는 휴양지로 유명해져 레스토랑, 커피숍, 기념품 가게 등이 즐비하다. 전 세계 향신료의 80%를 생산해 향신료 섬Spice Islands이라고도 불린다.

잔지바르의 스톤타운Stone Town은 아프리카와 아랍, 유럽의 문명이 함께 섞여 있는 독특한 곳이다. 아랍풍의 건축물과 구불구불한 길, 노예시장의 유적, 술탄의 왕궁과 오만제국의 요새, 이슬람 사원, 성공회 성당까지 다양한 볼거리가 있다. 2000년에는 유네스코 세계문화유산으로 지정됐다. 섬 북쪽의 능귀Nungwi, 동쪽의 잠비아니Jambiani와 파제Paje 해변이 유명하다.

프리즌 아일랜드
Prison Island

스톤타운에서 북서쪽으로 약 5km 떨어진 곳에 위치한 프리즌 아일랜드는 일명 노예섬이다. 1894년에 영국이 감옥을 설치했다. 범죄자나 전염병 환자 혹은 노예로 팔려 가기 직전의 사람들을 격리시켰다. 현지인들은 창구섬Changuu Island이라고 부른다. 이 섬에는 100살이 넘은 바다거북이가 있다. 에메랄드빛 해변이 펼쳐져 있어 스노클링이나 다이빙도 인기다.

잔지바르섬에 들어가는 방법

탄자니아의 수도 다르에스살람에서 고속 페리를 타면 잔지바르섬까지 2시간 남짓 걸린다. 가격은 40~60달러 선이다. 비행기를 이용해도 가격은 비슷하다. 케냐, 남아공 등 다른 동아프리카 국가에서 출발할 경우는 100달러 선이다.

페리 선착장에서는 마치 직원인 것처럼 유니폼을 입은 사람들이 외국인을 상대로 짐을 들어 주고 엄청난 돈을 요구한다. 가방을 들어 준다고 가져가면 무조건 다시 뺏어와야 한다. 다른 여행지보다 유독 정신이 없고 돈을 목적으로 호의를 보이는 사람이 많아 주의가 필요하다.

아프리카에서 먹은 떡볶이와 문어초무침

잔지바르섬에서 다시 만난 한국인 신혼부부

"우리는 일주일째 숙소에 누워서 책 보고, 요리해 먹고, 쉬엄쉬엄
　지냈어요."
"빨리 빨리 더 많은 곳을 보고 싶지 않아요? 시간이 아깝잖아요!"
"한 도시에 오래 머물면서, 그 도시에 살아 보는 여행이 좋아요."

　　세계 여행 중인 한국인 신혼부부 최성환, 곽지현 씨를 처음 만난 건
보츠와나 초베 국립공원에서였다. 아프리카 여행 중 한국인을 마주친
것도 그때가 처음이었다. 너무 반가웠지만 일정 때문에 그날 바로 헤
어져야 했다. 하지만 여행 코스가 비슷해 짐바브웨 빅토리아폴스에서
한 번 더 마주쳤다. 이때 탄자니아 잔지바르섬에서 다시 만나 거창한
저녁 식사와 술자리를 갖기로 약속했다. 여행을 하면서 현지인들과
영어로 대화를 나누는 것도 좋지만, 한국말로 수다를 떨고 싶을 때가
있다. 그때 딱 맞추친 게 두 사람이었다.

잔지바르 북쪽에 있는 능귀 해변에서 만나기로 약속한 날은 비가 정말 억수로 쏟아졌다. 낮 12시쯤 만나기로 했는데, 어쩐 일인지 4시가 다 되도록 부부는 나타나지 않았다. 잠깐 마주친 인연이었지만 약속을 어길 사람들이 아니라는 확신이 있었기에 우리는 계속 기다렸다. 아니나 다를까, 쏟아지는 비로 인한 교통 체증 때문에 늦게 도착한 것이었다. 혹시 오다가 납치를 당했거나 교통사고를 당한 건 아닌지 극단적인 상상까지 하면서 걱정하던 우리는 부부의 등장에 크게 안심했다. 두 사람은 호탕하게 웃으며 우리에게 주려고 한식을 바리바리 싸 왔다면서 이것저것 꺼내기 시작했다.

"비도 오는데 라면이랑 떡볶이부터 먹읍시다. 기다리느라고 너무 고생 많았어요. 금방 요리해 줄게요."

부부가 정성스럽게 차려 준 한식, 아프리카 여행 중 처음 먹은 감동의 음식이었다.

아프리카에 온 뒤 처음으로 친숙한 음식을 접한 순간이었다. 부부는 일부러 한인마트에 들러 장을 봤다고 했다. 우리는 아프리카 여행 2개월째였지만, 부부는 벌써 세계 여행 6개월에 접어들었을 때였다. 6개월 동안 여행을 하면서 입에 맞지 않는 음식이 가장 고통스러웠다고 했다. 우리가 아프리카에서 한식을 한 번도 사 먹지 않았다는 말에 음식을 꼭 만들어 주고 싶었다고 했다. 라면과 짜장면을 비롯해 나물과 미역, 쌈장과 볶음고추장 등을 본 우리는 흥분을 감추지 못했다. 한식으로 똘똘 뭉쳐 보자는 부부의 말에 뭉클해지기까지 했다.

오랜만에 한국어로 대화할 수 있는 사람들을 만나서 그랬는지 이야기는 쉴 새 없이 이어졌다. 우리 자매의 지난 여행부터 신혼부부의 세계 일주까지 수많은 이야기를 쏟아 냈다. 그런데 신기하게도 부부와 우리의 여행 스타일은 모든 것이 반대였다.

"아프리카 대륙은 남아공이랑 보츠와나, 짐바브웨, 탄자니아 잔지바르만 여행하고 떠날 거예요."

"이왕 아프리카까지 온 김에 다 돌고 싶지 않아요? 우리는 욕심이 나서 9개국을 여행해요."

"주로 에어비앤비에 머물면서 집주인이랑 가까운 곳으로 산책도 나가고, 요리도 해 먹고, 널널하게 시간을 보냈어요. 여행사 투어는 거의 안 해요. 관광지에 가는 것보다 한 도시에서 진득하게 살아 보는 게 더 좋거든요. 현지인이랑 공원에서 대화도 하고, 음식을 만들어서 나누기도 하고요."

"다른 사람들이 다 하는 투어는 꼭 해 봐야 되지 않아요? 우리는 투어란 투어는 다 해 보고 있어요. 어제는 프리즌섬 투어랑 피쉬마켓도 다녀왔어요. 100살 넘은 거북이도 보고, 상어 경매도 구경했어요. 앞으로 탄자니아에서는 세렝게티 투어랑 커피 농장 투어가 남아 있네요."

"우리는 언젠가 다시 아프리카에 올 걸 생각해서 빡빡하게 모든 걸 다 해 보지는 않으려고요. 다음번에 와서 안 가 본 지역에 가고 못해 본 투어를 할 거예요."

"저희는 아프리카에 다시 못 올 수도 있다는 생각으로 빡빡하게 모든 걸 다 하고 가려고요!"

나는 사실 속으로 꽤 충격을 받았다. 표정을 보아하니 동생도 별반 다르지 않아 보였다. 이전에 동남아와 남미를 성공적으로 여행했다고 자부하고 있는 우리는 아프리카까지 여행을 하며 그 어느 때보다 자신감이 넘쳐흐르고 있는 상태였다. 우리의 여행 방식이 더할 나위 없이 완벽하다고 생각했다. 여행을 떠나기 몇 개월 전부터 철저하게 계획을 세우고 인터넷, 책, 다큐멘터리 등을 통해 정보를 모았다. 운영하고 있던 블로그에는 정확하게 이대로 여행을 하겠다며 선포하기까지 했다. 일종의 자신감이었는데, 문제는 계획이 어긋날 경우 극도로 스트레스를 받는다는 점이었다.

남미 아르헨티나를 여행했을 때였다. 우리는 아르헨티나 중부 바릴로체에서 남미 대륙의 끝 파타고니아로 가서 3박 4일 트래킹을 할 예정이었다. 여행 계획을 세울 때 이미 캠핑장과 교통에 대해 전부 꼼꼼히 알아봤다. 트래킹 장비까지 마련했다. 하지만 폭설로 교통이 마비됐고 결국 우린 아르헨티나 남부 여행을 포기해야 했다.

"우리 여행은 끝났어. 실패야. 완벽하게 다 가질 못했어."

"이미 파타고니아 간다고 떠벌렸는데, 어쩌지? 사람들이 우리 여행기에 실망하는 거 아닐까?"

천재지변 때문이었지만 계획이 틀어졌다는 사실만으로 자꾸 의기소침해졌다. 당시 블로그에 꾸준히 여행기를 올렸는데, 매일 우리 이야기를 봐 주는 독자들에게 실망을 안기는 건 아닌지 전전긍긍하기도 했다. 뭐라고 하는 사람은 하나도 없었는데, 왜 그랬는지 모를 일이다.

능귀 해변에서 부부와 술 한잔 마시며 나눈 소소한 이야기들은 우리의 여행을 돌아보게 했다. 남들이 우리 여행을 어떻게 평가할까 하는 생각이 항상 마음 한구석에 자리 잡고 있었다. 왜 그렇게 '눈치'를 보며 여행했을까. 여행의 이유가 우리의 행복을 위한 건지, 남에게 보여 주기 위한 건지 헷갈릴 지경이었다.

두 사람은 남의 눈치를 전혀 보지 않았다. SNS도 블로그도 하지 않았고 심지어 사진도 잘 안 찍었다. 우리 자매는 몇 년 동안 마치 미션을 수행하듯이 가고 싶은 나라와 도시를 정해 두고 여행을 해 나갔다. 여행 후기도 꼼꼼히 정리했다. 사람들이 우리 여행을 어떻게 평가할까 기대되는 마음도 컸다.

아프리카로 떠나기 전에도 그랬다. "일을 그만두고 떠난다는 거 좀 멋있지 않아?" "자매끼리 아프리카에 배낭 메고 가는 게 남들 눈엔 어때

잔지바르에서 가장 아름답다는 에메랄드빛의 해변 능귀에서

보여?" "여행하기 힘들다는 마다가스카르에도 갈 건데 부러워하는 사람들이 있겠지?" 남부끄럽게도 주변에 이런 질문을 하기도 했다. 그만큼 다른 사람의 평가가 궁금했다. 어쩔 수 없는 우리만의 허세였다. 때로는 그런 허세가 떠날 수 있는 계기를 마련해 주기도 했다.

부부와 이야기를 나누고 나서, 저런 여행도 충분히 멋지구나 하는 생각이 들었다. 살짝 마음이 흔들리기도 했다. 계획을 세우고 이루기 위해 노력하는 건 좋지만, 그것 때문에 여행 내내 안절부절못하게 된다면 다 무슨 소용일까 싶었다. 앞으로도 우리는 마음이 이끌리는 데로 가고 싶은 곳에 가서 하고 싶은 걸 할 것이다. 언제나처럼 철저한 계획을 세울 수도 있고, 가끔은 즉흥적인 결정을 할 수도 있을 것이다. 다만 남의 눈을 의식하기보다는 우리에게 더 집중하기로 했다.

두 사람도 우리처럼 다양한 투어와 경험을 해 보는 것도 즐거울 것 같다고 얘기했다. 서로의 여행에 대해 이런저런 호기심을 보이며 시간 가는 줄 모르고 대화를 나눴다.

"우리도 두 사람처럼 여유롭게 머물다 가는 여행을 한번 해 볼까?"

"응, 두 사람처럼 여행하면 육체적으로 피곤하지도 않고 마음도 편안할 것 같아."

과연 실현될 수 있을지 알 수 없는 계획이었지만 일단 우리는 그러기로 약속했다. 실현되면 좋은 거고, 그렇지 않더라도 또 어떻단 말인가. 낯선 여행지에서 호의로 가득 찬 이들과 대화를 나누며 우리의 마음은 그 어느 때보다 평온했다.

1. 능귀 해변의 믿을 수 없을 만큼 아름다운 바다 색깔
2. 능귀 해변을 물들인 새빨간 노을

다큐멘터리에 안에 들어온 것 같은 세렝게티의 풍경

마담, 한국인은 왜 유독 돈을 깎나요?

20달러로 뒤바뀌는 세렝게티 투어의 질

"좀 더 깎아 주세요. 다른 한국인들은 500달러에도 했대요."

"마담, 한국인은 유독 돈을 깎아요. 그래서 한국인들이 고통받는

거예요. 세렝게티에선 돈을 깎으면 깎을수록 고통받는 구조라니

까요. 독일, 호주, 일본인들 아무도 안 깎아요!"

가난한 배낭여행자에게는 돈을 깎는 것이 일상이다. 길거리에서 음식을 사 먹을 때도, 택시를 탈 때도, 여행사 투어를 신청할 때도 빠짐없이 "디스카운트Discount!"를 외쳤다. 깎을 땐 미처 몰랐다. 돈을 깎음으로써 대우가 후져진다는 것을.

우리가 가장 고대했던 아프리카 여행의 하이라이트! 세렝게티 국립공원 투어를 앞두고 사파리 업체 선정에 골머리를 앓았다. 아프리카에서 가장 많은 야생동물과 최대 규모의 대자연을 마주할 수 있는 세렝게티 투어는 1인당 650~750달러에 육박한다. 투어 때 필요한 준비물

과 간식거리, 가이드 팁까지 포함하면 비용은 더 늘어난다.

세렝게티로 가기 전에 먼저 대여섯 군데 여행사에 이메일로 문의를 했다. 트립어드바이저 어플과 사파리연합 홈페이지, 네이버 블로그, 『론리플래닛』 등 찾을 수 있는 자료는 모두 모아서 꼼꼼하게 검토했다. 하지만 철저하게 검토해 봤자 세렝게티 투어 여행사들 역시 모두 한통속이란 걸 나중에야 알았다.

인터넷 환경이 최악인 탄자니아에서 어쩐 일인지 여행사 직원들이 1분 만에 답장을 보내왔다. 대부분 '최고의 대우를 해 주겠다' '우리 여행사는 역사 깊은 곳이다' '빅 5를 모두 보게 해 주겠다' '수사자 바로 앞에 가게 해 주겠다'는 내용이었다. 그런데 힐러리^{Hilary}라는 가이드의 답장은 달랐다.

한국인들! 싼 데서 투어 신청하면 고통받게 될 거야. 내가 장담해.
대부분의 한국인들이 당했어!

온갖 감언이설로 꾀어도 모자랄 판에 오히려 '경고'를 하는 게 아닌가. 황당하면서도 지금껏 보지 못한 신선한 반응에 호기심이 생겼다. 이유나 좀 들어 보고 싶어 힐러리를 직접 만나기로 했다.

잔지바르에서 경비행기를 타고 한 시간을 날아 아루샤에 도착했다. 아루샤는 세렝게티와 킬리만자로 국립공원에 가려는 여행자들이 모여드는 작은 마을이다. 마을을 걷다 보면 1분마다 여행사 삐끼가 달라

붙는다. 하지만 신기하게도 이미 투어를 계약한 여행자에게는 단 한 마디도 걸지 않는다. 마치 얼굴에 '계약했음'이라고 쓰여 있기라도 한 것처럼 말이다. 오직 투어 관광을 목적으로 모이는 마을이라 그런지 모두가 한통속으로 정보를 주고받는다.

"세렝게티 투어에서 진짜 중요한 건 함께하는 팀 멤버야."

"뭔 말이야? 쉽게 좀 풀어서 얘기해 봐."

"3박 4일 투어는 타랑기레 국립공원 혹은 마냐라 호수, 세렝게티 국립공원, 응고롱고로 분화구 이렇게 세 군데를 가. 팀 멤버는 보통 여섯 명이고 가이드 한 명과 요리사 한 명이 동행해. 그런데 중간에 멤버가 바뀌는 경우가 있어. 여행사끼리 짜고 스케줄에 맞는 인원을 막 바꾸는 거지.

예를 들어 너희랑 함께 타랑기레 국립공원에 간 다른 외국인들은 하루짜리 타랑기레 국립공원 투어만 신청했을 수도 있어. 너희는 3박 4일인데 말이야. 그럼 너희는 타랑기레 국립공원에서 동물을 보고, 그 외국인들을 데려다주러 다시 차를 타고 두 시간을 달려 아루샤에 와야 해. 그리고 다시 서너 시간을 달려 캠핑장에 도착하는 거지. 그럼, 차로 이동하는 시간만 다섯 시간이니까 너희가 동물을 볼 수 있는 시간이 현저히 줄어들어. 반대로 팀 멤버 여섯 명이 모두 함께 3박 4일 투어를 한다면 추가적인 차량 이동 시간은 아예 없어.

무슨 말인지 알겠어? 한국인들은 이걸 모른다고! 여행사에서 투어 비용을 싸게 부른다면 여행 루트와 멤버가 꼬이면서 소중한 세렝게티에서의 시간을 잃게 되는 거야!"

힐러리의 얘기를 듣고 나니 볼리
비아 루레라바케Rurrenabaque 아마존
투어를 할 때가 생각났다. 우리는
여행사에 들어가서 무조건 "깎. 아.
주. 세. 요"만 외쳐 댔다. 그때 여
행사 주인이 이탈리아, 일본, 영국
인들의 계약서를 보여 주면서 유독
한국인들만 가격을 깎는 데 혈안이
되어 있다고 말했다. 서양인들은

20달러의 대우를 알려 준 힐러리

대부분 '안전'을 위해 돈을 투자하는 편이라고 했다. 우리처럼 계속해
서 돈을 깎으면 블랙리스트에 올라 교통편과 숙소, 음식, 가이드 등의
질이 뒤떨어진 팀에 배치된다고도 했다. 그때 우린 어안이 벙벙했다.
무조건 돈을 깎는 데만 열중했지, 깎고 나서의 '대우'에 대해선 한 번
도 생각해 본 적이 없었다.

"20달러를 아꼈다가 차가 낡아서 고장이라도 나면 동물을 많이 못
보는 거잖아? 싸게 가면 능력 없는 가이드가 붙어서 동물도 못 찾는
거 아니야?"

"싸게 갔다가 당한 사람들 이야기 블로그에서 많이 읽었잖아. 그냥
20달러 더 내자. 그래 봤자 2만 원 아냐?"

결국 다른 여행사에서 제안한 값보다 20달러를 더 주고 힐러리와
계약했다. 단 절대 멤버가 바뀌는 일은 없어야 한다고 못 박았다. 그리고
나서 우리가 탈 차량의 상태와 가이드의 영어 실력을 체크했다. 3박 4일

영화 〈라이온킹〉의 실제 배경인 바위 위에 진짜 사자가 나타났다!

동안 먹게 될 음식 사진도 미리 보고, 식기 도구와 침구도 점검했다.

세렝게티 투어 첫날, 타랑기레 캠핑장에서 힐러리가 경고했던 일이 실제로 벌어졌다. 영어를 굉장히 잘하던 인도네시아 신혼부부가 우리 그룹으로 와서 소리쳤다.

"너희도 혹시 멤버가 바뀌니? 우리는 3박 4일인데, 우리 팀의 다른 부부는 2박 3일이래. 그래서 내일 세렝게티에 갔다가 3일째 되는 날 저 부부를 아루샤로 데려다주고, 우리만 다시 세렝게티로 돌아온대. 왕복 으로 다섯 시간이 넘을 거야. 무려 다섯 시간을 길거리에서 보내게 생겼다고! 억울해 죽겠어! 여행사와 말이 안 통해."

말로만 들었던 멤버 바꿔치기였다. 그들도 싼값에 투어 계약을 했다가 당한 것이었다. 힐러리가 말한 대로 세렝게티 투어에서 가장 중요한 건 '멤버'였다. 세렝게티 여행사의 모든 직원들, 아니 탄자니아의 전 국민이 아는 꿀팁을 우리는 20달러로 얻었다.

20달러의 효과는 엄청났다. 멤버를 바꾸느라 길에서 쓸데없는 시간을 허비하는 일 따위는 전혀 없었다. 가이드의 역량도 뛰어나 빅 5를 모두 볼 수 있었다. 요리사의 요리 솜씨까지 훌륭해 우리는 고생을 하고도 오히려 몸무게가 늘었다.

어떤 팀은 가이드의 역량이 부족했는지 하루 종일 동물도 제대로 못 보고 로드 마사지(아프리카 사람들은 길이 울퉁불퉁해서 차가 흔들리는 상황을 로드 마사지 받는다고 표현한다)만 받기도 했다. 고지대에 위치한 캠핑장에서 침구조차 없이 덜덜 떠는 팀도 있었다. 하루에도 수십 명의 인원이 동시에 세렝게티 투어를 떠나지만, 여행사에 따라 차량의 시트, 텐트의 두께, 침낭의 위생, 커피의 맛, 심지어 저녁 식사에 포함된 고기의 양까지 달랐다.

혹시라도 20달러를 더 내지 않고 돈을 깎았다면 어떻게 됐을까. 아마 우린 여행 내내 구시렁거렸을 것이다. 잘못된 선택을 했다는 것도 인지하지 못한 채 세렝게티의 여행사들만 욕했을지도 모른다. 하지만 우린 20달러를 더 내고 그보다 더 큰 만족을 얻었으니, 틀림없는 해피엔딩이었다!

운 좋게도 한 폭의 그림 같은 누 떼의 대이동 장면을 볼 수 있었다.

끝없이 펼쳐진 평원을 달리다

세렝게티 국립공원에서 만난 세상에서 가장 위험한 동물 빅 5

"세렝게티 뜻이 뭔지 알고 있나요?"

"아니요. 무슨 뜻이에요?"

"스와힐리어로 '끝없는 평원'이란 뜻입니다. 지금부터 동서남북으로 수백 킬로미터의 평원이 펼쳐진 이곳을 달립니다!"

새파란 하늘, 낮은 곳에 떠 있는 하얀 구름, 평평한 초록 평원… 거기에 수십 아니 수천 마리의 누 떼가 달려들었다. 커피를 많이 마셨을 때처럼 심장이 두근거렸다. 우리가 세렝게티를 달리고 있다니.

세렝게티에 도착하자마자 게임 드라이브가 시작됐다. 드넓은 초원에서 동물을 찾는 건 가이드의 능력에 달렸다. 대다수의 가이드들은 하루 50달러의 일당을 받는다. 아침 일찍부터 저녁 늦게까지 험난한 오프로드를 달리며 동물을 찾아야 하는 이들에게 돌아가는 돈은 생각보다 적다. 대신 사냥에 성공한 사자를 찾거나, 보기 힘든 표범 무리

세렝게티에서는 야생 사자를 가까이에서 볼 수 있다. 동물의 왕답게 눈빛이 날카롭다.

등을 찾았을 때는 엄청난 환호와 함께 꽤 큰 액수의 팁을 받을 수 있다. 우리는 가난한 배낭여행자라 선뜻 큰 팁을 주지는 못했지만, 유럽이나 미국에서 온 부유한 중장년층 여행객들은 가이드가 보고 싶은 동물을 찾아 줄 때마다 100달러씩 쥐어 주기도 했다.

"가이드! 왜 이렇게 동물이 없죠? 사자는 또 언제 볼 수 있어요?"

"물소 한 마리 말고, 떼 지어 다니는 걸 보고 싶어요."

"치타네요. 치타에게 좀 더 가까이 가 주세요. 너무 멀어서 보이지가 않아요."

"기린과 노을을 한꺼번에 사진에 담고 싶어요. 노을이 보이게 차를 반대편으로 돌려 주세요."

세렝게티의 흔한 풍경

우리 팀은 나와 동생, 덴마크인 간호사 두 명, 터키에서 온 교수 부부까지 모두 여섯 명이었다. 터키에서 온 부부는 동물이 보이지 않을 때마다 가이드에게 더 열심히 찾아 줄 것을 부탁했다. 그럴 때마다 우리는 조용히 의자에 올라가 지붕 밖으로 얼굴을 내밀고 망원경으로 이리저리 동물을 찾았다. 가이드를 도우려고 말이다.

우리 가이드가 특별히 동물을 못 찾는 건 아니었다. 다만 터키 부부는 이왕 큰돈을 내고 투어를 신청했으니 볼 수 있는 동물은 기회가 될 때

의외로 세렝게티에서 쉽게 볼 수 있는 야생 사자

모두 보겠다는 것이었다. 돈을 냈으니까 동물을 찾아 달라고 요청하는 건 당연한 권리라고 생각했다. 하지만 우리는 어쩐지 미안해서 그런 말을 하기가 어려웠다. '가이드가 알아서 해 주겠지' '너무 많은 걸 요구하면 기분 나쁘지 않을까?' 하는 생각도 있었다. 그런데 대부분의 서양인들은 돈을 낸 사람은 당연히 요구할 수 있을 때까지 요구해야 한다는 입장이 강했다.

"우리가 사자 무리를 보고 싶은 만큼 볼 때까지 내버려 두세요. 마음대로 차 출발하지 마세요!"

한번은 사자 무리를 발견했을 때였다. 우리는 신기했지만 가이드는 매일 보는 것이 사자였다. 당연히 여행객은 가까이서 오랫동안 보고 싶어 하고, 가이드는 빨리 다른 동물을 찾아 나서야 한다고 생각한다. 덴마크 친구들과 터키 부부는 가이드가 빨리 출발하지 않도록 계속해서 지시 아닌 지시를 내렸다.

적극적인 팀원들을 만난 건 어쩌면 우리에겐 행운이었다. 3박 4일의 세렝게티 여행 동안 가이드의 눈치를 보지 않고 보고 싶은 만큼 오랫동안 동물들을 보고, 사진도 찍고 싶은 만큼 찍을 수 있었기 때문이었다.

끝없이 펼쳐진 초원 위를 달리는 차 안에서 우리는 지붕을 열고 머리를 위로 내밀었다. 거친 바람에 머리카락이 얼굴을 때리고 먼지가 날려 눈에 들어와도 좋았다. 오프로드를 달리느라 차가 심하게 흔들려도 꿋꿋하게 버티고 초원 위의 동물들을 눈에 담았다. 단 한순간도 놓치고 싶지 않았다.

세렝게티의 초원을 달리던 사파리 차량 20여 대가 어느 수풀 근처에 모였다. 사방팔방을 둘러봐도 아무것도 보이지 않는데, 잠깐만 기다려 보란다. 내셔널지오그래픽에 나올 법한 장면을 목격하기 위해서는 기다려야 한다고 했다. 20여 분쯤 지났을까. 갑자기 숲속에서 수사자 한 마리가 튀어 나왔다. 순간 근처에 있던 수백 마리의 얼룩말들이 도망가기 시작했다. 가이드들은 수풀에 사자가 숨어 있는 걸 이미 알고 있었던 듯했다. 넋 놓고 있던 우리만 심장이 멎을 것처럼 놀랐다.

수백 마리의 얼룩말이 우리 사파리 차량을 사이에 두고 일제히 달아났다. 그 뒤를 사자가 따라갔다. 얼룩말이 일으킨 자욱한 먼지 속에 남겨진 우리는 사자가 혹시 목표를 바꿔 우리에게 달려들지는 않을까 공포에 떨었다. 텔레비전에서만 보던 먹이사슬의 현장을 고스란히 목격했다.

세렝게티에서는 코끼리나 기린이 사파리 차량 근처를 태연하게 오갔다. 맹수가 아니라고 해도 덩치가 엄청났기 때문에 우리가 탄 차를 툭 치고 지나갈 때마다 조용히 숨죽였다. 공포영화에서처럼 숨소리를 냈다가 위치를 발각당하면 큰일 날 것 같았기 때문이었다.

가이드에 의하면 동물들은 사파리 차량이나 사람들을 전혀 신경 쓰지 않는다고 했다. 주거지에 잠깐 침범한 하찮은 존재라고 생각하는지 의식하는 일도, 피해 가는 일도 없었다.

"언니, 난 세렝게티를 1등으로 할래."
"나도 1등인데?"
우린 여행이 끝난 후 각자 좋았던 여행지 BEST를 정하기로 했다. 총 9개 국가를 여행하기로 했는데, 여섯 번째 나라인 탄자니아에서 이미 1등을 정해 버렸다. 여행이 끝나고 나서도 세렝게티를 1위로 뽑은 마음은 변하지 않았다. 새로운 여행지에 가면 홀랑 마음이 바뀌는 우리에게 굉장히 이례적인 일이었다. 무슨 거창한 이유가 있는 것도 아니었다. 세렝게티에서는 제대로 된 식사를 할 수도 없고, 깨끗하고 편안한 숙소도 없었다. 심지어 차에서 내려 걸을 수도 없는 곳이었다. 그저 손에 잡힐 것처럼 낮게 뜬 하얀 구름 아래로 수만 마리의 동물 떼가 지나가는 모습을 볼 수 있을 뿐이었다.

"너는 왜 세렝게티가 1등이야? 동물이 많아서?"

"아니, 풍경 때문에."

"나도. 동물도 신기하지만, 어떻게 이런 풍경이 있을 수 있지?"

"하얀 구름이랑 파란 하늘, 초록색 잔디에 동물들, 그냥 다 그림 같지 않아? 누가 그려 놓은 풍경에 들어와 있는 느낌이야."

여행을 다니면서 우리는 종종 우주에 떠 있는 기분, 미지의 세계에 와 있는 기분, 천국에 들어간 기분 등등 별별 말도 안 되는 과장된 표현으로 여행지를 칭찬하곤 했다. 세렝게티에 대한 감상은 그에 비하면 단순한 편이었다. '그림 속에 들어와 있는 기분'이 전부였다. 그보다 과장된 표현이나 화려한 미사여구 같은 건 필요 없었다.

솜씨 좋은 고급 레스토랑보다 간단히 때우는 식사가 더 맛있을 때가 있고, 깨끗하고 도톰한 이불을 덮고 자는 것보다 별을 보며 캠핑하는 것이 더 좋을 때가 있다. 말 그대로 세렝게티는 그저 좋았다. 완벽한 자연 안에 들어와 있다는 게 얼마나 비현실적인 느낌을 주는지, 세렝게티에 와서야 우리는 비로소 그 기분을 느낄 수 있었다.

1. 사파리 차를 전혀 신경 쓰지 않는
   사자, 사자가 길을 막거나 차 아래
   로 들어가 못 움직이는 경우도 많다.
2. 얼룩말 무리와 수풀에서 사냥 준
   비 중인 사자, 사자가 얼룩말 사냥
   에 나서면 정말 아찔한 장면이 연
   출된다.

세렝게티 국립공원
Serengeti
National Park

세렝게티는 스와힐리어로 '끝없는 평원Endless Plain'이란 뜻이다. 응고롱고로 보호구역과 케냐 국경을 넘어가는 마사이 마라Maasai Mara 금렵 지역과 함께 세계에서 가장 넓고 가장 다양한 야생 생물이 서식하는 지역이다. 면적은 약 1만 5,000㎢에 이른다. 코끼리와 사자, 물소, 얼룩말, 누 등 300만여 마리의 포유류가 살고 있다. 우기가 끝나는 5~6월이면 150만 마리에 이르는 세계 최대의 누 무리가 공원을 가로질러 이동하는 장관을 연출한다. 2~3월은 동물들이 새끼를 낳는 시기로, 새끼를 잡아먹으려는 먹이사슬이 활발하게 진행돼 이를 보려는 여행객들이 몰려든다. 사자 약 2,000마리, 코끼리 약 2,700마리, 얼룩말 약 6만 마리, 기린 약 8,000마리 등이 서식한다. 이뿐 아니라 500여 종에 가까운 조류도 서식하고 있다. 1981년 유네스코에서 세계자연유산으로 지정했다. 원주민인 마사이족은 이곳을 '시링기투'라고 부르는데 '땅이 영원히 이어진 곳'이라는 뜻이다.

타랑기레 국립공원
Tarangire
National Park

국립공원을 가로질러 흐르는 타랑기레강 Tarangire River의 이름을 땄다. 타랑기레강은 건기에 유일하게 물을 먹을 수 있는 곳이기 때문에 수많은 동물들이 몰려든다. 장관을 이루는 코끼리 떼와 바오바브나무로 유명한 곳이기도 하다. 6~11월에는 수천 마리의 얼룩말과 버팔로 등을 볼 수 있다. 마냐라 호수와는 70km 떨어져 있다.

마냐라 호수
국립공원
Lake Manyara
National Park

마냐라 국립공원은 호수에 서식하는 홍학으로 유명하다. 우기에는 수천 마리의 홍학 무리가 호수 가장자리에서 서식한다. 홍학 말고도 400종 이상의 조류가 살고 있어, 관광객은 하루 평균 100종의 새를 볼 수 있다고 한다. 하지만 건기에는 새가 거의 존재하지 않아 이곳 대신 타랑기레 국립공원으로 가는 방문자가 대다수다.

응고롱고로
분화구
Ngorongoro
Crater

응고롱고로는 마사이족 언어로 '큰 구멍'이란 뜻이다. 세계 최대 크기의 응고롱고로 분화구는 동물 백화점이라고도 불린다. 건기에도 항상 물이 고여 있어 동물들이 몰려든다. 아프리카에서도 가장 자연 그대로의 모습을 간직하고 있는 곳으로 꼽히며, 특히 멸종 위기로 보기 힘든 흰코뿔소가 서식하는 것으로 유명하다.

산기슭을 찾아 헤매는, 썩은 고기만 먹는 하이에나를 진짜 볼 수 있다.

세렝게티 3박 4일 투어 코스

야생동물을 찾아 떠나는 사파리 여행을 아프리카에선 '게임 드라이브'라고 한다. 사륜구동 차량을 타고 게임을 하듯 동물을 찾아 나선다. 보통 세렝게티 국립공원 게임 드라이브 코스는 3박 4일이다. 건기냐, 우기냐에 따라 '타랑기레 국립공원→세렝게티 국립공원→응고롱고로 분화구' 혹은 '마냐라 호수 국립공원→세렝게티 국립공원→응고롱고로 분화구'로 나눠진다. 마냐라 호수는 300만 마리의 핑크 플라밍고와 하마의 장관을 볼 수 있고, 타랑기레 국립공원에서는 코끼리 떼를 볼 수 있다. 세계에서 가장 큰 응고롱고로 분화구는 세계자연유산으로, 마사이 부족이 함께 공유하는 공간으로 마사이족이 방목 권리를 갖고 있다.

4~6명이 한 팀으로 사파리 차량을 타고 이동한다.

▪ 3박 4일 생활

아침, 점심, 저녁 식사 모두 투어에 포함되어 있다. 물도 포함이다. 점심은 빵과 주스, 달걀, 닭다리, 과일 등이 담긴 런치박스를 준다. 아침은 토스트와 잼, 차 등이 나온다. 저녁은 스파게티나 고기볶음, 과일 샐러드 등이 풍족하게 나오는 편이다. 그룹마다 전용 요리사가 따라다닌다. 요리사가 해 주는 음식 외에 개인 간식이나 과자, 맥주 등은 투어 시작 전 마트에서 장을 볼 수 있다. 우리는 맥주 여러 병을 준비해 팀원들과 밤마다 나눠 마셨다. 세렝게티 투어는 하루 종일 사파리 차량에서 보내야 하기 때문에 땅콩 같은 견과류, 사탕, 껌 등 간단한 간식거리가 있으면 좋다.

식사

음식 맛은 훌륭하다. 동생은 고생을 하고도 투어 후 살이 쪘다.

런치박스, 점심은 간단히 상자에 담아 준다.

3박 동안 텐트에서 잠을 자는 캠핑이 가장 싸다. 침낭은 미리 준비하면 좋지만 없을 경우 가이드에게 요청하면 된다. 하지만 여러 여행객이 썼던 침낭이라 깨끗하진 않다. 텐트는 두꺼운 캠핑용으로 날씨가 쌀쌀해도 안은 따뜻하다. 캠핑장에서 직접 텐트를 치는 날도 있고, 미리 설치된 텐트에서 자는 날도 있다. 텐트가 지저분하고 불편할 경우 돈을 더 내고 잠자리를 로지로 바꿀 수 있다. 로지는 화장실과 침대가 포함된 숙소다.

잠자리

비싸지만 깔끔한 로지

캠핑족들은 텐트에서!

팀원	보통 1대의 사파리 차량에 6명이 탄다. 2열 3행이다. 양 옆에 창문이 있지만, 가장 좋은 자리는 맨 앞이다. 운전석 앞창을 통해 동물을 볼 수 있고, 차량 지붕이 열렸을 때 올라가서 보면 시야가 훤하기 때문이다. 우리와 함께한 덴마크인 2명과 터키인 2명은 3일 동안 자리를 바꿔서 타자고 얘기했다. 같은 돈을 내고 맨 앞자리만 고집하는 것은 비매너다.

사자들은 관광객을 전혀 신경 쓰지 않는다.

화장실	세렝게티와 마냐라 호수, 타랑기레, 응고롱고로 분화구 모두 차량에서 절대 내릴 수 없다. 언제 어디에서 숨어 있는 동물에게 급습당할지 모르기 때문이다. 그런데 세렝게티 평원을 달리던 중에 우리 팀 전원이 화장실에 가고 싶다고 했다. 가이드는 한참을 달려 나무도 돌도 풀도 없는 허허벌판에 차를 세웠다. 그리고 차 뒤편에 가서 빨리 볼일을 보라고 했다. 가이드는 앞과 옆은 물론 백미러로 뒤편까지 계속 예의 주시했다. 이때 민망함을 줄이려고 풀이 우거진 곳을 요청하는 건 말도 안 되는 소리다. 야생동물들은 보통 풀숲에 숨어 있기 때문이다. 실제로 풀숲에서 숨어 있던 사자가 튀어나와 용변을 보던 여행객이 죽은 경우가 있다고 한다. 게임 드라이브는 보통 한번 차를 타면 3~5시간가량 이어지기 때문에 출발 전 미리 화장실에 다녀오거나 물을 적게 마시는 걸 추천한다.

짐 보관	큰 짐은 투어를 떠나기 전에 여행사 사무실에 맡길 수 있다. 우리는 잔지바르에서 산 엄청 큰 그림을 사무실에 맡겼다가 투어가 끝나고 되찾았다. 보통 큰 배낭은 차의 지붕에 싣고 다니다가, 캠핑장에 도착하면 내려 준다. 카메라와 여권, 지갑 등 중요한 소지품은 따로 작은 가방에 넣어 차에 가지고 타는 것이 좋다. 잠시 캠핑장 주변을 둘러보거나 화장실에 갈 경우 혹은 샤워를 하러 갈 때 텐트에 귀중품을 놓기가 찜찜하면 요리사한테 맡기면 된다. 주방은 요리사들만 드나들 수 있기 때문에 비교적 안전하다. 

한 팀의 배낭과 텐트, 침낭, 식기 도구, 식재료 등을 모두 차 지붕에 싣고 다닌다.

투어 필수품

3박 4일 동안 캠핑을 하기 때문에 헤드랜턴이 필수다. 깜깜한 밤에 캠핑장에 도착했을 경우 직접 텐트를 쳐야 하고, 화장실도 가야 하는데 핸드폰 불빛만으로는 충분하지 않다. 밥을 먹는 식당도 빛이 약해 헤드랜턴을 차고 먹었다. 그냥 보면 아무것도 없는데 헤드랜턴을 키고 보면 벽에 벌레가 우글거리는 경우도 많다.

또한 여행사에서 제공한 공용 침낭은 대부분 더럽기 때문에 개인용 침낭이 있으면 좋다. 아침저녁으로는 쌀쌀해서 두꺼운 옷도 챙겨야 한다. 트래킹화와 대용량 배터리는 의외로 필요 없다. 투어가 하루 종일 차에서 진행되기 때문에 편한 신발이나 슬리퍼를 신어도 무방하다. 차량 내부에 USB 충전기가 갖춰져 있어 배터리를 충전해 갈 필요도 없다. 차 안에서 대부분의 시간을 보내기 때문에 사파리 모자도 거의 쓸 일이 없었다.

팁 문화

여행사에서 투어 출발 전 가이드와 요리사의 팁을 정해 줬다. 1인당 하루 10달러씩 40달러를 줘야 한다고 했다. 최근 팁에 대해 논란이 많아 미리 정해 준다나 뭐라나. 하지만 팁은 만족한 만큼 주는 것이 맞는 것 같다. 우리는 가이드가 얼마나 동물을 잘 찾는지에 따라 팁 수준이 달라질 것이라고 말했다. 투어가 끝날 무렵 팀원과 함께 팁에 대한 상의를 했는데, 덴마크인들은 여행사로부터 팁에 관해 전달받은 정보가 없다며 얼마를 줘야 할지 혼란스러워 했다. 반면 터키인들은 투어 비용이 비싸기 때문에 팁까지 따로 줄 필요가 없다며, 가이드 비용은 여행객이 아닌 여행사에서 줘야 한다고 말했다. 돈 많은 여행객들은 가이드가 보고 싶은 동물을 찾아 줄 때마다 100달러씩 팁을 뿌리기도 한다. 우리는 요리사와 드라이버에게 각각 30달러씩을 건넸다.

세렝게티 투어 업체 선정

세렝게티 투어가 시작되는 아루샤Arusha에는 200개가 넘는 여행 업체가 있다. 아루샤에 도착하자마자 삐끼들이 달라붙기 시작한다. 하지만 어떻게 알고 소문이 도는지 미리 예약한 사람에게는 절대 다가오지 않는다. 우리는 미리 예약하지 않았지만, 가이드인 힐러리와 접촉한 걸 봤는지 시내를 아무리 돌아다녀도 말을 거는 사람이 단 한 명도 없었다.

세렝게티 투어 업체는 거의 모두가 한통속이다. 사륜구동차 1대에 보통 6명이 타는데, 같은 여행사에서 예약한 사람끼리 타는 것이 아니다. 각자 다른 여행사에서 따로 계약을 하고 투어 당일 처음 만나게 된다. 여행사끼리 정보를 교환해서 6명을 한 그룹으로 만들어 차에 태워 보내는 방식이다. 투어에서 가장 중요한 건 이 6명의 팀원인데, 앞서 이야기한 것처럼 3박 4일 동안 멤버들이 모든 일정을 함께하는지 꼭 물어봐야 한다. 특히 비수기에는 1박 2일, 3박 4일, 4박 5일 등 각자 다른 투어를 신청한 사람들을 억지로 묶어 동선이 꼬이는 일이 빈번하게 일어난다. 6명의 멤버가 같은 숙소까지 이용하면 더할 나위 없이 완벽하다. 만약 4명은 캠핑장을 예약하고 2명은

로지를 예약했다면 각자 숙소가 멀어 데려다주는 데 시간이 지체된다.

그 밖에 차량의 노후 정도, 식기류와 침구류 등을 체크하는 것도 좋다. 하지만 평균보다 훨씬 비싼 투어를 신청하지 않는 이상 장비의 수준은 거의 비슷하다. 또한, 반드시 여행사 사무실에 방문해 봐야 한다. 직접 방문해서 탄자니아 정부에서 승인한 공식 투어 업체 자격증이 있는지 확인하는 것이 좋다. 이전에는 전통 있는 업체가 인기였지만 노후한 장비를 가지고 있는 경우가 많아 최근에는 새로 생긴 업체가 더 인기다.

투어 예약 문의는 사전에 이메일이나 전화로 할 수 있지만 현장에서 이야기하는 것이 더 싸다. 이메일로 깔끔하게 일정을 정리해 보내 준다거나 친절하게 답장을 해 주는 곳도 많은데, 그렇다고 해서 투어의 질까지 좋은 건 아니다. 막상 여행사에 가면 말이 달라질 수도 있으니 직접 방문하는 것이 가장 좋다. 또한 사파리부킹 공식 홈페이지(www.safaribookings.com)와 트립어드바이저(www.tripadvisor.com)에 외국인들의 후기가 잘 정리되어 있다.

참고로 몇몇 여행사는 이메일로 카드 결제 창을 보내 주고 미리 계약금부터 내라고 하는 경우도 있다. 계약금을 내지 않으면 원하는 기간에 투어를 할 수 없다고 으름장을 놓지만, 현지에 가면 사파리 투어는 차고 넘치게 많다.

은하수가 반짝이는 밤,
세렝게티에서 꿈꾸는 그린란드

세렝게티에서 만난 친구들과 나눈 여행 이야기

"내 근무표 좀 봐. 빨간 부분, 연속 3주가 쉬는 날이야. 내년에 아
시아 여행 가려고."
"정말 이렇게 오랫동안 쉰다고? 휴가가 한 번에 3주씩이라고?"
"한국은 밤까지 야근 많이 한다고 들었어. 일본도 그렇고, 맞지?"
"아, 알고 있구나."

세렝게티의 밤은 별이 쏟아지다 못해 은하수까지 청명하게 보였다.
전등이 없어 사방이 칠흑 같았다. 머리에 두른 헤드랜턴 하나에 의지
해 식당에서 밥을 먹고 화장실에서 세수를 했다. 아니, 화장실에 가
는 길이 너무 어두워 차라리 물티슈로 얼굴을 닦는 것이 훨씬 나았다.
식당에서 밥을 먹을 때도 너무 어두워 빵에 개미가 잔뜩 기어 다닌 걸
먹고 나서야 알았다. 텐트 앞에 다 도착해서 돌부리에 걸려 넘어지기
일쑤였다.

몹시 불편했지만 불만은 없었다. 텐트에 너부러져 맥주를 마시며 하늘을 바라보면, 세상에! 눈앞에 은하수가 있었다. 머리 위에서부터 지평선까지 촘촘하게 별이 박혀 있었다. 한국에서는 별을 보기 위해 고개가 꺾일 듯이 하늘 꼭대기를 올려다보며 찾아야 했는데, 세렝게티는 달랐다. 고개를 젖히지 않아도 밤이 찾아오는 것과 동시에 수많은 별빛이 이미 눈앞에 펼쳐졌다. 마치 별의 영상을 띄워 놓은 스크린이 있는 것처럼 믿을 수 없게 선명했다.

한창 별에 심취해 있을 때 덴마크 친구들이 맥주와 과일을 가지고 곁으로 왔다. 간호대학 동기로 지금은 대학병원 응급실에서 함께 일한다고 했다. 1년에 두 번 휴가가 있는데, 그때마다 3주의 시간이 주어진다고 했다. 둘이 함께 여행을 한 지 10년이 다 되어 가고 유럽을 비롯해 남미, 아시아, 아프리카까지 안 가 본 데가 없다고 했다.

덴마크 친구와 함께 마사이족 전통춤을 췄다.

"자매끼리 남미 3개월, 아프리카 3개월? 그게 가능해? 회사에서 보내 줘?"

"아니, 당연히 일 그만뒀지. 우리는 3주 동안 휴가 내는 게 거의 불가능해."

"우리는 한번 쉴 때 3주 정도 쉴 수 있어. 회사를 그만두고 장기적으로 세계 여행을 가는 사람도 많지만, 우리는 일하면서도 세계 여행이 가능해."

어쩌다 보니 별밤에 각자 나라의 노동 환경에 대해 이야기했다. 덴마크라는 나라에 대해 내가 알고 있는 건 우유와 레고가 전부였다. 북유럽 국가인 덴마크의 복지가 훌륭하다는 건 알고 있었지만, 그뿐이었다.

"우리는 거의 모든 직업이 4시에 끝나. 사진 봐. 요즘 내가 자주 가는 코펜하겐 시내 루프탑 카펜데, 일 끝나고 가면 딱 좋아. 책도 읽고 노을 보면서 와인 한잔하며 기분 전환도 하고, 덴마크에 오면 꼭 가 봐!"

덴마크는 월급의 15퍼센트를 무조건 세금으로 걷는다고 했다. 그 세금으로 똑같은 의료보험 혜택을 받고 집세나 교육 지원 등을 받을 수 있다. 병원비는 일절 내지 않는다고 했다. 모두가 다 같이 잘 살 수 있는 환경이 갖추어져 있다는 말을 계속 강조했다. 자꾸 덴마크에 위축되는 느낌이 들었다. 동생의 옆구리를 콕콕 찔렀다.

"우리도 자랑 좀 해 봐. 아무 거라도."

"아니, 4시부터 쉰다는데 뭐라고 해. 복지국가한테 뭘 자랑해."

한국의 직장 생활이 궁금하다는 덴마크 친구들에게 딱히 들려줄 말이 없었다. 야근이 조금 많다는 얘길 하고 있는데, 멀리서 듣고만 있던 터키 부부가 웃으면서 끼어들었다. 별밤에 뭐 그리 심각하냐며, 우리는 여행자니까 여행 이야기나 하자고 했다. 때마침 할 말이 없었는데 터키 아줌마의 중재로 무사히 위기를 넘겼다.

"한국에서 가 볼만한 곳 추천해 줘. 중국, 일본, 한국 다 가고 싶은데 유럽에는 정보가 거의 없어."

"음, 제주도!"

아시아는 홍콩과 필리핀만 가 봤다는 덴마크 친구들에게 제주도를 추천했다. 제주도의 사계절을 사진으로 보여 줬다. 하얀 눈꽃이 핀 겨울의 한라산, 노랗게 펼쳐진 봄의 유채꽃밭, 초록빛이 무성한 여름의 우도, 새빨갛고 샛노란 가을 단풍까지. 그리고 20~30여 가지의 반찬이 함께 나오는 모둠횟상을 보여 줬다.

역시 모둠회에서 믿을 수 없다는 반응이 나왔다. 쭈그러들었던 어깨가 펴지기 시작했다. 세상 사람들이 다 알만한 건축물이나 유적지가 있는 것은 아니지만, 제주도의 풍경과 먹을거리만큼은 누구에게 보여 줘도 감탄했다. 제주도에 대한 자랑을 한창 이어 가다가 덴마크 여행지에 대해 물었다.

"음, 그린란드!"

"그. 린. 란. 드? 거기 들어갈 수 있는 데야?"

아이슬란드도 아일랜드도 아닌 그린란드라니. 어디선가 들어본 것 같기도 하고 텔레비전에서 본 것 같기도 했지만, 결론은 아리송했다.

"그린란드는 덴마크 땅이야. 덴마크의 수도인 코펜하겐에서만 갈 수 있어."

"거기 북극 아니야? 엄청 추울 거 같은데 여행할 수 있어?"

"응, 우린 그린란드 대학병원에 파견 나가서 1년 동안 근무했어. 아직 사람들이 그린란드에 대해서 잘 몰라. 근데 에어비앤비도 있고 게스트하우스도 있어. 마트도 있고 우버도 있으니까 걱정 마! 여행할 수 있는 조건은 다 갖춰져 있어. 그리고 다른 곳에서는 보기 힘든 선명하고

대부분의 시간을 나무 위에서 보내기 때문에 찾기 힘들다는
표범을 덴마크 친구들이 여러 번 찾아 줬다.

아름다운 오로라를 볼 수 있어."

오로라 사진을 본 우리는 마음을 굳혔다. 아프리카 다음 여행지는
그린란드다!

우리는 처음 여행을 시작하면서 사람들이 잘 가지 않는 곳부터 가
보자고 약속했다. 체력이 떨어지면 가기 힘든 곳, 지금이 아니라면 도
전이 어려울 것 같은 곳, 웃기게 들릴지 모르지만 '젊었을 때 다녀오길
잘했다'라고 생각할 수 있는 곳이 우리 여행의 우선순위였다. 그래서
남미 여행 때 에콰도르와 칠레 이스터섬에 갔고, 아프리카에서는 에티

오피아와 마다가스카르에 꼭 가기로 했다. 아마 다음 여행지는 그린 란드가 될 것이다. 그린란드도 지금이 아니면 도전이 어려울 것 같다.

"코펜하겐에 오면 우리가 그린란드를 안내할게! 그런데 또 일 그만 두고 와야 하는 거 아니야?"

"응, 아마 그렇겠지?"

"대단하다! 일을 그만두고 여행하고, 여행을 위해서 또 일하고, 사 실 우린 그런 용기는 없어."

덴마크 친구들과 터키 부부는 여행을 위해 일을 그만둘 용기가 대 단하다고 했다. 휴가 제도가 잘 되어 있어서 3주 동안 여행을 다니는 건 큰 행운이지만, 아마 휴가 제도가 잘 안 되어 있었다면 여행을 포 기했을 거라고 했다.

5년 전 처음으로 일을 그만두고 대학생이었던 동생과 남미 배낭여 행을 떠났다. 떠나는 순간까지도 설렘보다 돌아온 후의 직장 걱정이 더 컸다. 3개월 동안 여행을 하면서 말 그대로 많이 보고, 많이 먹고, 많은 이들을 만났다. 다른 나라 사람들의 생활 방식이나 가치관의 차 이에 적잖은 충격을 받기도 했다. 그동안 우리만 너무 아등바등 산 것 은 아닌지 생각이 많아졌다. 나처럼 일을 그만두고 여행 중인 친구들 도 있었다. 여행으로 인해 잃는 것보다 얻는 것이 더 많다고 말하는 그들의 대범하고 긍정적인 생각은 안절부절못하던 나를 압박감에서 벗어나게 해 주었다. 직장은 잃었어도 넓은 시야를 얻었으니 더 좋은 일을 선택할 수 있을 것이라고 했다. 삶의 가치를 평가할 수 있는 건지는 잘 모르겠지만, 상상했던 것을 현실에서 이뤄 갈 수 있다면 나에게는 더 가치 있는 삶이 되지 않을까 싶었다.

주변 지인들도 직장을 그만둘 수 있는 용기에 대해 종종 얘기했다. 아무리 여행이 좋아도 생계 활동을 포기하고 갈 수는 없기 때문이다. 누군가는 무모하다고 생각할지도 모른다. 하지만 나와 동생은 아직까지는 더 용기를 낼 마음이 다분하다. 우린 곧 그린란드에도 가야 하니까.

걱정 근심 없는 듯한 세렝게티의 캠핑장 풍경. 매일 밤 별을 보며 덴마크 친구들과 이야기를 나눴다.

마사이족 출신 '헤어 디자이너'라고?

처음 만난 아프리카 원시 부족, 마사이

"하이, 아임 하라주쿠, 유 프롬 도쿄 곤니찌와? 프롬 서울 평양? 하
　하하. 나 헤어 디자이너야. 내가 레게 머리해 줄게."
"그런 말은 어디서 배웠어? 진짜 헤어 디자이너 맞아?"
"응, 나 미용사 자격증도 있어. 레게 머리 한 시간이면 돼. 동양인
　생머리는 처음이라 긴장되네."
"근데 너 볼에 동그라미는 뭐야? 칼은 왜 차고 있어? 설마?"
"응, 나 마사이족이야!"

　탄자니아의 수도 다르에스살람에 도착한 첫날에는 전통 시장 구경
에 나섰다. 식재료뿐만 아니라 각종 생필품이 바닥에 잔뜩 늘어서 있
었다. 사람들도 엄청나게 북적여 누가 코를 베어 가도 모를 분위기였
다. 도떼기시장이라는 말이 딱 어울렸다. 시선을 끌어당기는 잡동사니
와 형형색색의 과일들이 가득했다. 달콤해 보이는 열대 과일을 종류별

형형색색의 싱싱한 채소와 과일이 시선을 끌어 가던 길을 멈추게 한다.

로 사 먹고, 편하게 입을 만한 일명 냉장고 바지도 구입했다.

낯선 동양인이 나타나자 곧 사람들이 몰려들었다. "차이나? 어디서 왔어?" "10개 사면 10개 더 줄게" "달러 있어? 달러 주면 더 싸게 해 줄게" "아이폰이야? 만져 봐도 돼?" 정말이지 정신이 하나도 없었다.

정겨운 전통 시장 같은 다르에스살람은 사실 여행자들 사이에서 위험한 곳으로 악명 높았다. 채소와 과일을 바닥에 고르게 깔아 놓은 모습이 예뻐 사진을 찍었다가 욕이란 욕은 다 들었다. 심지어 사진을 지

사진을 찍으면 돈을 요구하는 현지인도 많으니 꼭 사전에 허락을 받아야 한다.

웠는데도 사진값으로 돈을 뜯겼다. 다르에스살람은 여행자들이 특히 강도를 많이 당하는 지역이기도 하다. 등에 멘 가방끈을 양손으로 꼭 부여잡고 다녀도 어느 순간 칼로 가방끈을 끊어 낚아채는 강도들이 많다고 했다. 겁을 주기 위해서가 아니라, 돈을 주지 않으면 진짜 찌르기 위해 칼을 가지고 다닌다는 소문도 자자했다.

잔뜩 예민해진 우리는 불안한 마음으로 돈이 든 가방을 꼭 붙들고 조심 또 조심했다. 서둘러 시장을 빠져나가려는 그때 누군가 말을 걸었다. 말도 안 되는 일본어와 한국어를 섞어 말하던 건달 분위기의 남자가 자신을 헤어 디자이너라고 소개하며 갑자기 시장 모퉁이에서 플라스틱 의자를 하나 가지고 와서 앉아 보라고 손짓했다.

"앉아 봐. 여기가 미용실이야. 2만 실링(약 1만 원)만 내면 완벽한 레게 머리를 해 줄게."

길거리 구석에서 플라스틱 의자에 앉아 레게 머리를 하고 있는
동생과 잘 뚫어지지 않는 생머리에 많이 당황한 마사이족!

"생머리도 가능해? 못하면 네가 2만 실링 내야 돼."

동생은 아프리카까지 왔는데 어떤 일탈도 시도하지 않아 마침 무료
함을 느끼고 있었다. 평소 머리카락을 애지중지 관리하던 동생답지 않
게 레게 머리를 흔쾌히 수락했다. 그런데 헤어 디자이너 청년의 의상
이 조금 수상했다. 빨간색 담요 같은 걸 몸에 둘렀는데, 치마인지 바지
인지 알 수 없었다. 게다가 양 볼에는 동그라미가 새겨져 있었고 허리
춤에는 칼을 차고 있기까지 했다. 가만히 서서 상인들의 모습을 자세
히 관찰하니, 자칭 헤어 디자이너처럼 빨간 옷을 두르고 선글라스를

낀 채 망고를 파는 사람이 있었다. 동그랗게 뚫린 귓불을 어깨까지 늘어뜨리고 폐타이어로 만든 신발을 파는 사람도 있었다. 탄자니아와 케냐에서만 볼 수 있다는 마사이족이었다. 드디어 원시 부족을 만난 것이었다. 우린 연예인이라도 만난 것처럼 호들갑을 떨었다.

"마사이! 마사이! 마사이! 우와, 마사이! 마사이!"

우리가 환호하자 청년은 의기양양하게 허리춤에서 칼을 꺼내 사자를 죽이는 시늉을 했다. 마사이족은 사자 사냥으로 유명했다. 그러나 마사이족을 만났다는 기쁨도 잠시, 마사이족이 왜 사냥을 하지 않고 미용 일을 하고 있는지 의아했다. 마사이족 미용사는 한참이나 동생의 긴 생머리를 만지작거리더니 세 갈래로 땋기 시작했지만, 머리카락이 손가락 사이로 자꾸 미끄러져 꼼꼼하게 땋아지지 않았다.

"레게 머리인데 가닥이 왜 이렇게 굵어? 자꾸 풀리는 느낌인데?"

"머리가 너무 꼿꼿하고 부드러워. 다른 예약 손님이 있어서 네 머리는 못해 주겠다."

마사이족과의 만남은 황당무계하게 끝났다. 미용사라던 청년은 사실 과일을 파는 상인이었다. 우리에게 대충 머리를 해 주고 돈을 받을 속셈이었다. 하지만 동생의 머리카락이 신기했는지 연신 만지작거리기만 하고 말았다.

아프리카 하면 떠오르는 대표 원시 부족인 마사이족을 시장에서 만나게 될 줄은 몰랐다. 우리가 텔레비전에서 봤던 원시 부족은 사냥에 나서는 용맹한 전사의 모습이었다. 특히 마사이족은 사자를 맨손으로

탄자니아는 과일 천국이다.
가격도 저렴해서 매일매일
비타민 충전을 할 수 있었다.

때려잡는다는 소문도 있어 기대가 더 컸다. 지푸라기로 주요 부위만
가린 채 창으로 사냥을 하고, 동물을 위협하기 위해 형형색색으로 얼
굴을 위장하고, 날카로운 도구를 휘두르며 맨발로 숲을 헤집고 다니는
모습, 이게 바로 우리가 상상했던 원시 부족의 일반적인 이미지였다.

탄자니아와 케냐를 여행하는 내내 마사이족을 만날 수 있었지만, 상상 속 모습과는 크게 달랐다. 붉고 파란 천을 몸에 두르고 있었지만 선글라스를 끼거나 유명한 스포츠 브랜드의 슬리퍼를 신고 있기도 했다. 전자시계를 차고 노트북을 하고 있는 마사이족도 있었다. 탄자니아 잔지바르 해변에서 다이빙과 돌고래 투어에 참여할 여행객을 모으는 삐끼도 마사이족이었다.

아프리카 원시 부족이라고 해서 누구나 문명과 거리를 두고 사는 건 아니겠지만 그걸 직접 눈으로 목격하는 일은 어쩐지 생소했다. 하지만 현대적인 교육을 받고 생계를 위해 다양한 시도를 하는 걸 삐딱하게 바라볼 수는 없었다. 나미비아에서 잠깐 마주친 힘바족도 마찬가지였다. 온몸에 진흙을 발라 '붉은 민족'이라 불리는 힘바족을 시내에서 봤는데, 옷을 걸치지 않는 것으로 유명한 힘바족이 스타일리시한 힙합 패션으로 아이스크림을 먹으며 길을 건너고 있었다.

여전히 문명을 받아들이지 않고 고유한 생활양식을 고수하는 부족민도 많지만, 이들의 삶이 앞으로 어떻게 변할지는 함부로 예측할 수 없다. 이런 이야기가 화두에 오르면 할례 같은 비인간적인 문화 때문에 원시 부족은 무조건 해체되어야 한다는 사람도 있고, 멸종 위기의 동물을 보호하듯 끝까지 전통적인 생활과 문화를 버리지 않도록 보호해 줘야 한다는 사람도 있다.

우리는 전통을 고집하는 부족의 삶을 엿보기 위해 마사이족 전통 가옥에 방문하기로 했다.

마사이족
Maasai People

탄자니아와 케냐 국경 지대 및 킬리만자로산 주변 등에 거주한다. 소와 양을 키우고 원시사회를 지키며 살아가는 부족이다. 케냐 측에 약 25만 명, 탄자니아 측에 약 10만 명이 살고 있다. 마사이족의 유례에 대해서는 여러 학설이 있지만, 일부 학자들과 현지인들은 이집트에서 남하했다고 말한다.

마사이족의 주식은 우유다. 아기를 낳은 여성이나 아픈 사람들은 소의 목에서 피를 뽑아 우유에 섞어 마신다. 가축을 신성하게 여기기 때문에 소와 양을 잡아먹지 않는다. 다만, 병에 걸려 죽은 가축의 고기는 먹는다. 마사이족은 아이가 태어나면 한 달 동안 비밀에 붙이는데, 아이가 정상적이라고 판단되면 그때서야 아기의 탄생을 알린다. 귓불이 길게 늘어질수록 미남·미녀로 여겨져 일부러 귓불에 구멍을 뚫고 길게 늘인다. 젊은 청년은 전사라는 의미의 '모란Moran'이라고 불리며 붉은 천으로 몸을 가리고 칼과 나무 막대기를 가지고 다닌다. 이들은 12~28세 사이의 청년으로 할례와 성인식을 거친 후 병사촌에 들어가 일정 기간 전사로 합숙 훈련을 받는다. 훈련이 끝나면 자기 부족을 지키는 모란, 즉 전사가 된다. 합숙을 통해 칼로 야생동물을 잡는 방법, 소를 방목하는 방법, 마사이족의 전통문화 등을 배운다. 소녀의 할례는 알려진 데로 야만적이다. 할례 의식 이후 6개월이 지나야 결혼할 수 있다.

하지만 마사이족도 차츰 개방되고 있다. 시내에 있는 학교에 다니면서 영어를 배우고, 전통 의상이 아닌 일반 옷을 입고 다니기도 한다. 도시로 나와 물건을 팔거나 가이드를 하는 등 자신의 직업을 갖기도 한다.

휴양지에서 여행 가이드
일을 하는 탈마사이족

힘바족
Himba People

나미비아 북쪽 내륙에서 유목 생활을 하는 원시 부족이다. 온몸에 붉은 진흙을 바르고 다니는 것이 특징이다. 붉은색 흙과 우유 지방을 섞어 온몸에 바른 후 옷은 따로 입지 않는다. 평생 목욕을 하지 않는 부족으로도 유명하다. 옷 대신 바르는 진흙은 아프리카의 따가운 햇볕과 해충으로부터 피부를 보호한다. 여성들은 머리에도 진흙을 발라 길게 땋고 다니며, 목걸이와 팔찌 등 독특한 수공예품 장신구를 하고 다닌다. 마사이족과 마찬가지로 동물의 배설물로 만든 집에 살며 일부다처제다. 이들을 사진으로 찍을 때는 꼭 돈을 줘야 한다. 힘바족을 몰래 찍다가 걸리면 카메라를 부수거나 경찰을 부르는 등 큰일이 벌어지기 때문에 꼭 사전에 허락을 받아야 된다.

여전히 전통적인 머리 모양을 하고 있지만 시내에 나와 일하는 힘바족

전통과 문명 사이에서 고민하는 마사이족

마사이족을 찾아 전통 부족 마을로

"소 피 한번 먹어 볼래? 지금 먹어야 따뜻해."

"아, 아냐. 난 괜찮아, 괜찮아."

세렝게티 국립공원 투어 3박 4일 중 마사이족 마을 방문을 옵션으로 선택할 수 있다. 마사이 마을은 사회로 나가지 않고 전통을 고수하는 부족민들이 모여 사는 곳이다. 1인당 10달러를 내면 사진과 동영상을 찍으면서 그들의 주거 지역을 샅샅이 살펴볼 수 있다.

우리가 탄 지프차가 마을에 도착하기 전부터 저 멀리서 마사이족이 힘차게 뛰어왔다. 빨강, 파랑, 주황, 보라색의 옷을 입고 어찌나 빠른 속도로 달려오는지 사실 좀 식겁했다. 하지만 이들에게는 관광객의 방문이 주요 수업원이기 때문에 우리가 무척 반가웠을 것이다.

삐쩍 말랐지만 180센티미터는 되어 보이는 큰 키, 형형색색의 목

길게 늘어진 귀가 인상적인 부족장

걸이와 귀걸이, 폐타이어를 주워다 만든 신발, 큰 구멍이 뚫어진 채 길게 늘어진 귓불, 가늘고 긴 막대기를 들고 제자리에서 점프를 하는 사람들. 바로 아프리카의 '전사'라고 불리는 전통 마사이족이다.

"카리부Karibu, 카리부, 아산데 사나Asante Sana."

우리가 차에서 내리자마자 부족장은 마사이족 여성이 착용하는 목걸이를 걸어 주고 마사이족의 상징인 붉은 옷도 둘러 줬다. 마을 입구에서 환영식을 해 준다고 알고 있었는데, 웬일인지 입구 반대편에 한

마사이족의 상징인 막대기를 들고 단체로 모여 환영 노래를 불러 준다.

줄로 서 있었다.

"지금 시간이 오후 5시라, 역광을 피해서 노래를 불러 줄게요. 역광에서는 사진을 찍기 힘들 거예요. 예쁘게 잘 찍어 주세요."

이런! 관광객들의 심리를 꿰뚫고 있는 마사이족 전사라니. 역광 때문에 사진이 잘 안 찍힐까 봐 위치까지 옮겨 가며 환영식 노래를 불러 준다고 해서 정말 놀랐다.

환영식은 30분 가까이 진행됐다. 허리춤에 칼을 차고 긴 막대기를 든 남자 마사이족은 오른쪽에, 화려한 목걸이와 귀걸이를 착용하고 아이를 업은 여자 마사이족은 왼쪽에 정렬했다. 그리고 곧이어 부족장의 호흡에 맞춰 노래를 부르며 춤을 추기 시작했다. 대열을 갖춰 걷고 뛰었다. 여자들은 환영의 의미로 어깨춤을 췄다. 목에 걸린 동그란 모양의 수공예품을 어깨의 힘으로 쳐내기를 반복했다. 남자 마사이족은 한 명씩 앞으로 나와 환영 인사로 점프를 했는데, 뛰어오르는 높이가 대단했다. 깡마른 다리로 변변한 발돋움도 없이 용수철처럼 튀어 올랐다. 괜히 전사라고 불리는 게 아니었다.

흰칠하고 깡마른 남자 마사이족

화려한 장신구를 착용한 여자 마사이족

환영식이 끝나고 본격적으로 마사이족 마을을 탐방했다. 내 키보다 낮아 보이는 작은 움막집으로 우리를 안내했다. 소똥으로 만든 집이었는데, 남자들은 사냥을 나가기 때문에 여자들이 집을 지어 천장이 낮다고 했다. 당연히 전기와 수도는 없었다. 핸드폰 불빛에 의지해 집 안을 살폈다. 안쪽에는 요리를 할 수 있는 불이 피워져 있어 연기가 났고, 다 찌그러진 접시와 컵 몇 개가 있었다.

요리를 한다는 부엌의 모습.
집 내부는 일어설 수 없을
정도로 낮고 깜깜하다.

"잠은 어디서 자요?"

"네가 앉아 있는 거기에 누워서 자. 부엌과 잠자는 곳이 이 움막집의 전부라고 보면 돼."

내 몸뚱이 하나 겨우 건사할 수 있을 정도의 비좁은 공간이었다. 핸드폰 불빛으로 매트를 보니 해지고 곰팡이가 피어 있었다.

"식사는 어떻게 해요?"

"우리는 동물의 피를 먹거나 우유를 먹어. 고기는 죽은 고기만 먹어. 우리 조상들은 동물을 신성하게 여기거든. 동물 피 먹어 봤어? 목으로 넘어갈 때 따뜻함이 느껴져. 먹어 볼래?"

진짜로 동물 피를 내올까 봐 황급히 사양했다. 동물의 피를 먹을 용기는 아직 없었다.

"정말 사자를 잡나요?"

"칼과 맨손으로 잡지. 그래서 우리가 전사인 거야."

"마사이족은 정말로 부인을 열 명이나 둘 수 있어요?"

"하하, 나랑 결혼할래? 탄자니아에서 같이 살자."

전직 기자 정신을 발휘해 궁금한 걸 이것저것 물어보고 있는데, 설명을 해 주던 마사이족이 갑자기 결혼을 하자고 졸랐다. 동생에게도 마찬가지였다. 설명을 거의 다 듣고 움막집에서 나왔는데, 우리와 함께 온 덴마크 친구들에게도 다른 마사이족 남자들이 결혼하자는 말을 하고 있었다. 전사의 모습은 온데간데없고 작업 거는 마사이족이라니.

대부분의 아프리카 원시 부족은 일부다처제이기 때문에 아내를 여럿 두는 것을 당연하게 여겼다. 남편이 몇 달 동안 사냥을 나갈 경우엔 아이를 낳아야 하는 의무를 다하기 위해 아내들이 남편의 친구와 잠자리에 드는 일도 당연하게 여겨진다고 했다. 우리에게는 쉽게 납득되지 않는 마사이족만의 생존 방식이었다.

마을 안에 마사이족 아이들이 공부하는 곳이 있다고 해서 따라갔다. 아이들은 작은 움막 아래에서 언어를 배우고 있었다. 마사이어와 영어 등 다섯 개 언어를 한꺼번에 배웠다. 하지만 그곳에서의 교육은 터무니없이 부족했다. 공책과 볼펜이 없어 땅에 글씨를 써야 했고, 언어 외의 다른 과목을 가르쳐 줄 선생님도 없었다.

"지금 우리 마을 아이들을 아루샤(도시)에 있는 학교에 보내야 할지, 말아야 할지 의견이 분분해요."

마사이족 마을 사람들도 변하고 있었다. 전통 부족의 삶을 유지하고 있었지만 아이들을 시내에 있는 학교에 보내야 하는지에 대해서

시내에 있는 학교에 가지 않고 마을에 남아 공부하는 아이들

꽤 심각하게 고민했다. 가난과 질병에서 벗어나려면 당연히 교육을 받아야 했다. 그럴 경우 전통은 어떻게 되는 걸까. 전통을 지키기 위해서는 글보다 사냥하는 법을 터득하는 것이 먼저다. 하지만 전통을 유지하기 위해 아이들을 혹독하게 훈련시키는 것 또한 가혹했다.

폐타이어로 만든 신발, 일명 '마사이 패션 슈즈'로 불린다.

아프리카 부족민의 삶의 방식에 대해 우리가 답을 내놓을 수는 없었다. 다만 수도 시설을 받아들이지 않아 물이 부족했고, 세수와 양치를 하지 못해 이빨이 새까맣게 닳은 모습을 보니 마음이 안 좋았다. 고기를 먹지 않는 전통 때문에 마사이족 여자들의 다리는 내 팔뚝보다 얇았다. 반면, 마을을 벗어난 마사이족들은 탄자니아와 케냐의 도시 곳곳에서 전통 의상을 벗어던지고 사업을 하거나 물건을 팔기도 한다.

그들의 삶에 잠깐 들렀다 가는 우리가 어떤 의견을 얘기하기엔 너무 민감한 문제였다. 결국 우리는 마사이족 아이들의 교육 지원 프로그램에 약간의 돈을 기부하는 것으로 마음을 대신하고 마을을 떠났다.

마사이족 여자들이 직접 만든 장신구를 하고 함께 춤을 췄다.

킬리만자로산 아래에서 부른 커피의 노래

진짜 아라비카 원두로 만든 오가닉 로스팅 체험

"트왕가 트왕가 트왕가. 트웨 가하와."

오랜만에 절구통을 찧어 봤다. 바부 할아버지가 한 번, 내가 한 번 돌아가면서 커피콩을 찧었다. 노래를 부르면서 커피를 찧어야 복이 오고 커피 맛도 더 좋아진다고 했다.

'아프리카' 하면 가장 먼저 떠오르는 것 중 하나, 바로 '커피'다. 탄자니아, 케냐, 에티오피아 등 각 나라마다 유명한 커피 원두가 넘쳐난다. 우리는 아프리카 여행 중 꼭 한번은 커피 농장 투어를 하고 싶었다. 한국에서도 거의 매일 커피를 마셨지만, 정작 커피나무는 어떻게 생겼는지 어떤 과정을 거쳐서 커피가 만들어지는지 잘 몰랐기 때문에 제대로 배워 보자는 생각이었다.

아프리카에는 고급 와인 투어처럼 로스팅 기계가 잘 갖춰진 커피 농장 투어가 많다. 하지만 우린 전통 방식을 고집하는 바부^{Babu} 할아버지를 찾아 나섰다.

탄자니아 아루샤에서 두 시간가량 미니버스를 타고 모시^{Moshi}에 도착했다. 모시에서 또 한 시간가량 달려 드디어 킬리만자로 입구에 다다랐다. 고도가 높아서 그런지 한참을 헐떡거린 끝에 바부 할아버지의 커피 농장에 도착했다.

바부 할아버지는 우리를 보자마자 '하쿠나 마타타'를 외치며 반겨 줬다. 사실 아프리카에서 노인을 보기란 의외로 쉽지 않다. 어린 나이에 아기를 낳고 아직 이른 30~40대에 병에 걸려 죽는 사람이 많기 때문이다. 그래서인지 얼굴에 주름이 가득한 아프리카인은 거의 볼 수 없었다.

바부 할아버지는 70대이지만 직접 커피 열매를 딸 만큼 정정하시다.

빨갛게 익은 커피 열매의 껍질을 벗기면 커피콩 알맹이가 두 개 나온다. 평소에 봤던 원두보다 크기가 컸다.

그런데 바부 할아버지는 무려 75세라고 했다. 함께 간 가이드는 웃으며 이렇게 말했다.

"70대의 아프리카인은 처음 보죠? 화학 커피 먹지 말고 유기농 커피를 먹어요!"

바부 할아버지의 농장은 케미컬 0퍼센트를 자랑하는 커피 원두 체험장이었다. 할아버지의 집 뒤쪽으로 난 진흙 길을 한참 걸어 들어가면 숲속에 드문드문 심어져 있는 커피나무를 만날 수 있다. 커피나무가 일렬로 줄지어 있는 넓은 커피 농장과는 전혀 다른 풍경이었다. 넓은 커피 농장을 양식장이라고 한다면, 이곳은 바다 한가운데를 자유롭게 돌아다니는 자연산 물고기의 보고 같은 곳이었다.

커피송을 부를 때 흔드는 전통악기

커피나무에 매달려 있는 커피콩을 직접 따는 것부터 체험이 시작됐다. 빨갛게 잘 익은 커피콩을 따서 깠다. 커피콩의 종류에 따라 다르지만 '탄자니아 아라비카'라는 이 콩은 알맹이가 두 개 들어 있었다. 커피콩을 수확한 다음에는 수동식 기계에 넣어 껍질을 벗겨 냈다. 이 콩을 2주 정도 말린 다음 찧는다.

바부 할아버지가 2주 정도 말린 커피콩을 가져와 절구에 넣었다. 그리고 예전부터 내려오는 커피 노래가 있다며 함께 부르자고 했다. 트왕가 트왕가 트왕가Twanga Twanga Twanga 트웨 가하와Tunywe Kahawa. 스와힐리어로 된 이 노래는 '커피를 찧어서 마시자'라는 간단한 내용이었다. 현대적으로 표현한다면 '커피 그라인딩' 과정에 대한 노래였다. 바부 할아버지는 이 노래를 부르면서 커피를 찧어야 복이 오고 커피 맛도 더 좋아진다고 했다.

바부 할아버지는 커피송을 부를 때 흔드는 악기와 악보까지 가져왔다. 우린 함께 커피송을 부르며 절구를 찧었다. 마치 아프리카 전통 부족민이 된 것 같았다. 아쉽게도 이 커피송은 탄자니아에서도 이제 거의 사라졌다고 했다.

시대가 바뀌면서 전통 방식이 사라지는 건 어쩔 수 없다. 아직 남아 있는 전통 방식을 체험해 볼 수 있다는 것만으로도 여행자에겐 큰 경험이었다. 다 같이 모여 커피 맛을 위해 노래를 부르고 춤을 추는 건 즐겁고도 아쉬웠으며, 참 이상하고 또 행복했다.

커피를 마시기 위한 다음 단계는 로스팅이었다. 그런데 이게 웬걸, 전통 방식의 체험장이다 보니 나무에 불을 붙이고 그릇에 커피를 넣어 직접 커피를 볶았다. 처음엔 연기 때문에 콜록거리고 뜨거운 불 때문에 "앗! 뜨거워"를 연발했지만 곧 웃음이 났다.

로스팅이 끝난 커피는 다시 절구통에 넣고 찧어 가루로 만들었다. 커피 가루가 완성된 다음에는 장작불 위에 다 찌그러진 냄비를 올리고 킬리만자로산에서 흘러내려 온 물과 함께 끓였다. 드디어 탄자니아 아라비카 유기농 커피가 완성됐다!

무턱대고 커피를 입으로 가져가는데, 바부 할아버지가 향기를 먼저 맡아 보라고 했다. 할아버지의 말에 따라 커피 향기를 맡았다. 그 순

전통 방식으로 커피 그라인딩과 로스팅을 보여 주는 바부 할아버지

허름한 장비에 잠깐 놀랐지만, 금세 커피 향에 취했다.

간 이곳에 오길 참 잘했단 생각이 들었다. 교통편도 복잡하고 날씨도 더웠지만 다시는 못해 볼 체험이었다. 비싸고 훌륭한 커피 기계와 함께하는 커피 투어에 가지 않은 게 정말 다행이었다.

눈 덮인 킬리만자로산 바로 아래에서 직접 만든 커피를 마실 수 있는 기회가 어디 흔할까. 주변의 맑은 공기와 상쾌한 바람이 함께 어우러져 지금껏 느껴 본 적 없는 풍부한 향의 커피를 즐겼다.

바부 할아버지와 커피를 마시며 커피에 대한 이야기를 나눴다. 할아버지는 커피 모종을 하나 줄 테니 한국에서 키워 보라고 했다. 우리는 지금 한국에는 눈이 오는데 괜찮냐고 물었다. 할아버지는 그럼 모종이 죽는다며 다시 가져갔다. 한바탕 웃음이 터졌다. 할아버지는 이어서 한국에서 마시는 커피는 화학물질이 많이 들어간 커피일지 모르니 아프리카 여행 중에라도 유기농 커피를 많이 마시라고 했다. 우린 그 자리에서 커피를 세 잔이나 벌컥벌컥 마셨다.

태어나서 처음으로 직접 로스팅해 유기농 아라비카 커피를 만들었다!

바부 할아버지는 처음 만났을 때처럼 헤어질 때도 "하쿠나 마타타"를 외쳤다. 한국에 무사히 잘 돌아가라는 단순한 인사가 어쩐지 찡했다. 우리도 커피 농장의 방명록에 글을 남겼다. 할아버지 연세가 75세이신데, 꼭 오래오래 건강하게 사시라고 말이다.

미래를 꿈꾸는 긍정 vs. 대책 없는 긍정

여행 50일 차에 다시 느낀 하쿠나 마타타의 의미

"너무 빨리 달리는 거 아니에요?"

"빨라? 난 빠른지 느린지 몰라. 계기판이 고장 났거든. 하지만 걱정 마!
하쿠나 마타타!"

아프리카 여행을 하면서 어느 순간 '하쿠나 마타타'라는 말이 마냥 달갑지만은 않게 느껴졌다. 모든 일이 잘될 거라는 긍정적인 의미를 담고 있는 하쿠나 마타타. 하지만 일부 아프리카 사람들은 위험한 순간에도 이 말을 너무 뻔뻔하게 외쳤다.

아프리카의 대중교통은 정말 취약하다. 예전에 볼리비아에서 허름한 버스를 타는 바람에 의자가 자꾸 뒤로 젖혀져 엄청 불편했던 적이 있었다. 열 시간 넘게 허리 통증에 시달렸다. 뒷자리의 여행객도 젖혀진 의자 때문에 무릎이 아팠을 거다. 하지만 아프리카에 와서 보니 남미 버스는 정말 훌륭했다.

동생이 한 자리 앉기에도 비좁은 버스

아프리카의 대형 버스는 대부분 3인석 좌석으로 이루어졌다. 세 명이 정사세로 앉아 붙어 가야 하는데, 몹시 불편하다. 시트는 더럽고 벗겨진 부분이 많아 비위생적이기까지 하다. 또 언제 어디서 좀도둑이 기승을 부릴지 몰라 소지품을 가슴팍에 꼭 껴안은 채 주위를 경계해야 한다. 버스 시간표도 엉망이다. 버스 터미널에 붙어 있는 시간표에 따라 버스가 출발하는 것을 본 적이 한 번도 없다. 아프리카 버스는 정시에 출발하는 것이 아니라 사람이 많이 타서 좌석이 다 채워졌을 때 출발한다. 비싼 고급 버스를 예약했지만 막무가내로 낡은 버스로 갈아타라고 하기도 한다. 이유가 있긴 하겠지만 구체적인 설명은 없다. '하쿠나 마타타'를 외칠 뿐이다. 모두 다 잘될 건데 버스에 불만 갖지 말라는 거다.

아프리카의 분위기에 젖어 우리도 웬만한 일에는 하쿠나 마타타를 외쳤지만, 탄자니아 모시에서 킬리만자로산 아래 입구까지 가는 미니버스를 탔을 때는 도저히 그럴 수 없었다. 운전기사 옆의 맨 앞 좌석에 앉았는데 버스가 너무 빨리 달렸다. 한 시간이나 가야 하는데 사고라도 날까 봐 초조했다. 시속이 몇 킬로인지 보려고 했더니 웬일이야! 계기판 유리가 깨진 채 망가져 있었다.

이런 상황에서도 안전벨트는 하지 않는 게 아프리카의 상식이었다. 이미 고장 나서 할 수도 없었다. 반대편에서 동물이라도 뛰어들면 급정거를 했고, 우리는 앞 유리에 머리를 부딪쳤다.

"하하하. 하쿠나 마타타!"

미니버스에는 돈을 걷고 문을 열어 주는 버스 안내 아저씨도 있었다. 버스 회사 유니폼을 입고 있었지만 문에 매달려 손을 뻗은 채 달리는 위험천만한 행동을 서슴지 않았다.

움푹 파인 아스팔트 바닥을 피해 역주행을 하다가 앞에서 오는 차량과 부딪칠 뻔했을 때도 "하하하. 하쿠나 마타타!"였다. 하쿠나 마타타라는 말이 이럴 때 쓰이는 게 맞단 말인가!

이뿐만이 아니었다. 잠비아 뉴 카피리음포시에서 타자라 열차를 타러 기차역까지 택시를 타고 갈 때였다. 열차 안에서 마실 물을 사기 위해 잠깐 마트에 들러 달라고 했다. 택시 기사는 자기 것도 사 달라고 했다. 뜬금없었지만 날씨가 너무 더우니 음료수를 하나 사 주겠다고 했다. 그런데 음료수는 됐고, 맥주를 한 병 사 달라는 것이었다. 맥주가 워낙 싸기 때문에 흔쾌히 승낙했다. 그렇게 마트에 들렀다가 다시 출발하려는 순간, 택시 기사가 맥주 뚜껑을 따더니 시원하게 들이켰다.

"운전해야 되는데 맥주를 마시면 어떡해요?"

"오, 여긴 아프리카야. 아-프리FREE-카, 몰라? 걱정하지 마. 하쿠나 마타타!"

"경찰한테 붙잡히면 어떻게 해요? 음주운전 불법 아니에요?"

"프리덤, 프리덤, 하쿠나 마타타."

이들에게 하쿠나 마타타는 어떤 뜻으로 쓰이는 걸까. 우리나라에서는 대부분 '잘될 것이다'라는 뜻으로 알고 있다. 애니메이션 〈라이온 킹〉의 가장 유명한 대사가 바로 하쿠나 마타타였다. 한국어로 '근심 걱정 모두 떨쳐 버려'라고 번역되기도 했다.

택시 기사라고 하지만 그냥 차를 가진 동네 주민인 경우가 많다.

"계기판이 없어도 사고는 나지 않을 테니, 근심 걱정 모두 떨치고 잘 앉아 있으라는 거 아니야?"

"운전 중에 술을 마셔도 경찰에 절대 안 걸릴 거니까 근심 걱정 모두 떨치고 가자는 거 아니야?"

"그런가? 안전벨트가 고장 났어도, 역주행을 해서 부딪칠 뻔해도 죽지 않을 거니까 근심 걱정 모두 떨쳐 버리라는 건가?"

우리가 보기엔 위험천만한 상황에서 막무가내로 대책 없이 행동하는 것처럼 여겨질 때도 많았다. 하지만 아프리카 사람들의 입장에서는 꼭 그렇지만은 않은 것 같았다. 버스가 정시에 출발하지 않으면 좀 어떤가, 느긋이 갈 수도 있는 거 아닌가. 계기판이 없는 차라도 운송 수단으로 쓸 수만 있다면 좋은 거지. 그리고 보니 여

달려 와서 선 배낭 뺏고, 후 차에 태우는 택시 기사들

행 첫날 항공사 아주머니가 외쳤던 하쿠나 마타타와 커피 농장에서 만난 바부 할아버지의 하쿠나 마타타처럼 긍정적인 생각을 심어 준 하쿠나 마타타가 더 많았다.

이쯤 되니 우리도 나 몰라라 하는 마음이 들었다. 그래, 여긴 아프리카니까! 마음대로 해라. 말해 봤자 통하지도 않는데, 우리가 아프리카의 방식을 따라야지. 아프리카식 하쿠나 마타타 덕분에 우리는 '긍정'을 넘어 점점 '대범'해지고 있었다. 그래, 모두 다 옳아!

터미널 최종 보스에게 사기당하다

탄자니아 아루샤에서 케냐 나이로비로 국경 넘기

"네가 뭔데 내 고객을 가로채?"

"한국인들이 제 발로 나한테 찾아왔어. 제 발로 걸어온 물건이 왜

네 거야? 한국인 한 명당 얼마에 가져갈래?"

우리 자매는 순식간에 거래 물건으로 전락했다.

세렝게티 국립공원 투어가 끝난 후, 탄자니아 아루샤에서 케냐 나이로비까지 버스를 타고 국경을 이동하기로 했다. 표를 구하러 아루샤 버스 터미널에 도착한 날 수십 명의 삐끼들이 달려들었다.

"코리안? 킬리만자로? 다르에스살람? 나이로비?"

"우린 나이로비 가기 전에 킬리만자로도 갈 거야. 표 얼마야?"

"5,000실링(약 2,500원)!"

"뻥치지 마. 2,000실링(약 1,000원)인 거 다 알아."

"그래. 2,000실링에 해 줄게, 대신 앞 좌석에 타고 배낭까지 실으면

버스 터미널은 항상 북적이고 소매치기 위험이 있지만, 가장 사람 냄새 나는 장소이기도 하다.

3,000실링(약 1,500원)이야."

"됐어. 너흰 탈락이야. 사기 치지 마. 너희 버스는 안 타."

"알겠어, 알겠어. 2,000실링에 해 줄게. 말을 끝까지 들어야지."

우리는 버스 터미널의 삐끼들이 푯값을 얼마나 많이 뻥튀기하는지 이미 알고 있었기 때문에 당황하지 않았다. 이래 봬도 아프리카 여행 50일 차였다. 크고 작은 사기를 몸소 경험했더니 나름 노하우가 생겼다. 뻔뻔해지다 못해 이유 없이 자신감이 넘쳤다. 문제는 나이로비로 가는 버스였다. 나이로비로 가는 국경 버스로 가장 유명한 회사는 '리버사이드Riverside'다. 세렝게티 투어 가이드가 버스 회사와 정류장의 위치까지 알려 줬지만, 혹시 다른 버스가 더 있나 알아보기 위해 아루샤 터미널에 온 것이었다.

코 베어 가도 모를 만큼 복잡한 터미널, 타깃이 될 수 있으니 주의해야 한다.

걸어 다니기도 어려울 만큼 복잡한 터미널에서 버스 회사 삐끼와 현지인들의 이목이 모두 우리에게 쏠렸다. 그때 배가 나온 대머리의 남자가 다가왔다. 이름은 스미스Smith, 그가 다가오자 모든 삐끼들이 조용히 뒤로 물러났다. 터미널의 보스였는지 모두들 아무 말도 하지 않고 스미스 뒤에 줄을 섰다.

"나이로비에 간다고? 내가 이 버스 터미널을 총괄하는 사람이야. 나이로비로 가는 버스 예약해 줄게."

"그래? 버스 사진이랑 버스 시간표 보여 줘. 가격은 얼마야?"

"따라와. 사무실이 있어."

스미스가 말한 사무실은 터미널 바깥에 나무판자로 바람막이를 해 놓은 한 평 남짓한 공간이었다. 허름한 파라솔 하나를 놓고 오피스라고 한 것이었다. 일단 버스표 흥정을 위해 파라솔 아래에 앉았다. 스미스는 고급 버스 사진이 있는 포스터를 보여 줬다. 맨 앞 좌석을 예약해 주겠다며 여권 번호와 전화번호를 적으라고 했다. 나이로비 국경을 통과할 때 50달러의 비자비가 필요하니 미리 준비하고, 나이로비 시내에서 내리고 싶은 곳에 멈춰 달라고 하면 된다고 했다. 다음 날 아침 7시에 출발하니 한 시간 전인 6시까지 꼭 터미널로 와야 한다고 강조했다.

우리가 버스 예매표에 이름을 쓰고 영수증을 받을 때까지도 주위는 여전히 조용했다. 시끄럽게 떠들던 삐끼들도 그저 우리를 바라볼 뿐이었다. 웃는 사람도 말리는 사람도 없었다. 어째 분위기가 싸했다. 우리는 그만큼 스미스가 이 버스 터미널에서 지위가 높은 사람이라고 생각했다.

다음 날, 정확히 아침 6시에 버스 정류장에 도착했다. 아프리카에는 전기가 들어오는 곳이 거의 없어 대부분 일출 시간에 맞춰 일을 시작했다. 버스 정류장도 이미 만원이었다. 동물을 먼 곳으로 실어 보내려는 사람들과 간단한 아침 식사를 파는 사람들로 몹시 분주했다. 그런데 어쩐 일인지 7시 정각에 출발한다던 버스는 7시가 넘도록 코빼기도 안 보였다.

"7시 넘었는데 버스는 왜 안 와? 어떤 버스인지 보여 줘. 사기 친 거 아니지? 지금 당장 버스 안 오면 환불 처리해 줘. 우리가 낸 5만 실링

241

뽑어 내.”

“오오, 침착해. 버스가 조금 늦는다고 연락 왔어. 아마 8시에 출발할 거 같아.”

‘아! 사기당했구나. 나이로비로 가는 버스는 없구나!’ 우린 이때 비로소 늦은 눈치를 챘다.

스미스는 갑자기 화제를 돌려 나에게 버스 터미널을 구경시켜 준다고 했다. 나이로비로 가면 케냐 돈이 필요하지 않겠냐며 환전소에 가자고 했다. 그는 나를 데리고 구멍가게와 약국, 환전소, 식당 등 구석구석을 돌며 인사를 시켰다. 얼떨결에 버스 터미널에 있는 모든 사람들에게 인사치레를 했다.

“내 친군데 케냐 실링을 좋게 쳐줘. 여기서 환전해.”

“환율이 좋다고? 나 환율 어플 있어. 거짓말하지 마. 완전 사기 수준인데? 네 친구 두 배나 받아먹으려고 하는데?”

스미스는 입만 열면 거짓말이었다. 환전 사기에 실패한 후에는 아프리카 사람들의 실생활을 보여 주겠다며 슬럼가로 보이는 골목으로 들어갔다. 골목 안에 위치한 술집에는 아침부터 위스키를 마시는 사람들이 있었다. 술집 주인은 짙은 화장을 한 아프리카 여성이었다. 어두컴컴한 곳에서 옅은 전구 빛에 의지해 술을 마시는 사람들은 취해 있었고, 밤새 난동이라도 있었는지 바닥 여기저기에는 유리 조각이 흩뿌려져 있었다.

“놀랍지? 이런 데 와 봤어? 경찰 단속을 피해서 술을 파는 곳이야. 구경시켜 줬으니까 위스키 한 병만 사 줘.”

"나 돈 없는데? 네가 내 돈 다 가져갔잖아. 나이로비로 가는 버스 없으면 당장 환불해."

그동안에도 나이로비행 버스는 도착하지 않았다. 하지만 우린 딱히 화가 나지 않았다. 스미스가 어떻게 행동하는지 지켜보기만 했다. 이제 제법 사기당하는 것을 즐기기까지 했다.

그때 어디선가 봉고차가 도착하더니 누군가 우리 배낭을 재빠르게 실어 날랐다. 봉고차에서 내린 중년의 아프리카인은 실크 목도리를 두르고 중절모를 쓰고 있었다. 그는 스미스에게 다가가 다짜고짜 소리를 내질렀다. 이에 질세라 스미스도 삿대질을 시작했고 급기야 폭력을 쓰기 시작했다. 둘은 어깨와 팔 등을 서로 밀치며 스와힐리어로 격하게 싸웠다.

곧 수십 명의 사람들이 몰려들었다. 그리고 그들을 말리다가 얻어터진 사람들이 바닥에 나뒹굴었다. 스미스는 옷까지 벗어 던졌다. 그러더니 갑자기 우리 버스표를 찢어 버리는 게 아닌가. 우리를 놓고 싸우는 게 분명했다.

"왜 싸우는 거예요?"

"저 중절모 쓴 사람이 리버사이드 버스 회사의 높은 사람이에요. 외국인을 나이로비까지 데려다주는 버스 회사요. 그런데 항상 중간에서 스미스가 외국인을 가로채서 수수료를 받고 리버사이드 버스 회사로 넘기거든요. 상습범이에요."

알고 보니 스미스는 버스 터미널의 양아치 사기꾼으로 외국인만 보면 나이로비에 데려다준다고 뻥을 쳤다. 동양인 여자 두 명이 나타나자 냅다 다가와 기분 좋게 사기를 친 것이었다. 나이로비로 가는 버스값 2만 5,000실링(약 1만 2,000원) 중 일부를 떼먹고, 나머지 돈으로 리버사이드 버스 회사에 우리를 넘기려고 했다. 그러니 리버사이드 버스 회사 측에서는 사업 손실이 클 수밖에 없었다.

아프리카 여행 50일 차에 들어선 우리는 별로 놀라지도 않았다. 결국 스미스가 우릴 팔아넘기듯 버스 회사 차에 태웠고, 우리는 잘 가겠다고 웃으며 작별 인사를 했다. 짐바브웨 국경에서 제복을 차려입은 보안관에게 사기당할 뻔했을 때는 어찌나 가슴이 떨리고 무서웠는지 모른다. 모든 상황이 낯설었고 돈을 뺏길까 봐 두려웠다. 하지만 어느덧 우리는 노련한 여행자가 되어 있었다.

"스미스, 덕분에 터미널 구경 잘했어. 아, 그리고 버스 회사 아저씨! 흥분 가라앉히고 나이로비로 출발합시다. 벌써 11시예요."

터미널 최종 보스 스미스. 덕분에 터미널 주변 이곳저곳을 잘 구경했다.

이렇게 교통정리를 끝냈다. 나와 동생은 점점 더 담담해지고 있었다. 사기당하는 일도 그다지 두렵지 않았다. 슈퍼에서 바가지를 씌우면 제값으로 깎았고, 누군가 길을 알려 주겠다며 이상한 길로 유도하면 구글 맵을 보여 주면서 능청스럽게 길치냐고 물었다. 사기도 우리 여행의 일부가 됐다.

어서 와, 정장 입은 아프리카인은 처음이지?

대통령 선거에 저항하는 시위대와 함께 최루탄 맞은 날

"최루탄이에요! 당황하지 말고 건물 안쪽으로 깊숙이 들어가요!"

"콜록콜록 눈이 안 떠져요. 동생은요? 동생은요?"

"죽고 싶지 않으면 말하지 말고 지시대로 움직이기나 해요!"

탄자니아 아루샤에서 국경을 넘어 케냐 나이로비에 도착한 날, 갑자기 모든 게 낯설었다. 아무런 정보 없이 나이로비 시내에 떨궈진 우리가 처음 마주친 건 정장 입은 아프리카인들이었다. 다리가 길고 어깨가 넓은 체형의 아프리카인들은 정장이 잘 어울렸는데, 서류 봉투와 아이패드를 들고 바쁘게 움직였다. 지금 생각해 보면 특별할 것 없는 풍경이었지만, 여행 중에 만난 아프리카인은 대부분 목이 늘어진 티셔츠를 입고 폐타이어를 잘라 만든 고무 신발을 신고 있었기에 새삼스럽게 놀라고 말았다.

"사람들 좀 봐. 깔끔하게 넥타이를 하고 정장을 입었어."

"여기 아프리카 맞아? 너무 생소해. 아이패드 들고 다니는 것 좀 봐."

"잠보! 잠보."

"……."

"잠보, 잠보, 잠보!"

우리 인사에 대답해 주는 현지인이 아무도 없었다. 새로운 나라, 새로운 도시에 도착했다는 반가운 마음에 '잠보'를 외쳤지만 돌아오는 건 싸늘한 표정뿐이었다. 바람이 거세게 불어 날씨도 서늘했고, 사람들의 얼굴에도 여유가 없었다. 이전의 도시들과는 다르게 웃으며 말을 거는 사람이 없자 왠지 민망하기도 했고 실망스럽기도 했다. 낯선 동양인을 신기하게 보지 않는 아프리카라니.

"배낭에 있는 짐 전부 꺼내요."

"잠깐 휴대폰 유심만 사려고요. 잠깐이면 돼요."

"겉옷도 벗고, 작은 가방에 있는 소지품도 다 꺼내요."

나이로비에서 처음 방문한 곳은 휴대폰 대리점이었다. 무심코 정문을 지나쳤는데 제복을 입은 보안 요원 두 명에게 거칠게 끌려 나왔다. 온몸과 배낭을 샅샅이 검사했다. 치안이 안 좋다는 소문은 들었지만 건물이나 상점에 들어갈 때마다 매번 이렇게까지 꼼꼼한 검사를 하는지는 몰랐다.

번거로운 과정을 거쳐 유심을 산 후 대형 마트로 향했다. 마트 입구에서도 몸수색을 몇 번이나 했다. 그런데 어쩐 일인지 마트가 텅텅 비어 있었다.

"잘 찾아 봐. 통조림도 없어? 엥? 샴푸도 없잖아. 신선 식품은 아예 없네?"

마치 영화의 한 장면 같았다. 전쟁이 나는 바람에 마트에 있는 모든 물건을 사재기한 도시가 배경인 영화 말이다. 불안했다. 나이로비에 도착했을 때부터 싸했던 분위기가 예사롭지 않게 느껴졌다. 알 수 없는 수렁에 빠진 것 같은 기분에 심장이 곤두박질쳤다. 폭풍 전야 같았다.

"이 도시 왜 이래? 무슨 전쟁 났어? 마트가 텅텅 비어 있으면 먹을 거리는 어디서 사?"

"밖에 경찰들 행진하는데? 분위기가 좀 이상하지 않아?"

그때였다. 우린 갑자기 누군가에 의해 상가 건물 안쪽으로 밀쳐졌다. 보안 요원들이 건물 셔터를 내렸다. 어두운 건물 안에 갇히자 순식간에 공포가 밀려왔다. 처음엔 누군가 우릴 가두려 한다고 생각했다. 하지만 눈앞에는 대여섯 명의 보안 요원과 나이로비의 시민들도 함께 있었다.

문틈 사이로 하얀 가스가 들어왔다. 나는 정신을 차리고 유리창 없는 창문을 통해 바깥을 내다봤다. 머리에 띠를 두르고 마스크를 한 사람들이 엄청난 속도로 뛰어다니고 있었다. 그 뒤를 탱크 같은 차가 따라 붙어 하얀 가스를 내뿜었다.

'지금 내가 보고 있는 이 광경은 도대체 뭐지?'라고 생각하는 순간 숨이 막히고 눈이 너무 따가웠다. 하얀 가스가 최루가스^{Tear Gas}인지도 모르고 마신 것이었다. 내 평생 최루탄이란 걸 본 적도, 그 가스를 마신 적도 없었기 때문에 짐작조차 못했다.

"콜록콜록, 눈이 안 떠져, 도와주세요! 도와주세요! 동생, 어디에 있어? 동생, 동생?"

눈물이 줄줄 흘러 한 치 앞도 내다볼 수 없었다. 바닥에 주저앉아 계속 기침을 하면서 손을 더듬어 동생을 찾았다. 동생도 마찬가지였다. 서로가 보이지 않아서 허공에서 손을 휘젓다가 겨우 만났다.

보안 요원들은 우리 자매를 건물 안쪽으로 데려가 진정시켰지만 이미 요동치는 가슴은 가라앉을 기미를 보이지 않았다. '시위대와 경찰이 이 건물을 뚫고 들어오기라도 한다면, 우린 나이로비에서 죽게 되는 걸까?' 별별 생각이 다 들어 빨리 도망치고 싶었다. 하지만 보안 요원은 건물 밖에 나가는 거야말로 죽을 수도 있다고 소리쳤다.

우리는 제발 집에 가게 해 달라고 애원했다. 보안 요원은 우리에게 우버 어플이 있냐고 물었다. 지금 이 상황에서는 택시 기사도 믿을 수 없으니 우버를 부르라고 했다.

우버 기사의 얼굴과 번호판, 이름, 전화번호까지 완벽하게 확인해 준 보안 요원들은 우리에게 당분간 시내로 나오지 말라고 당부했다. 우리를 태운 우버 기사는 신호를 전부 무시하고, 과속 운전을 해 시내를 빠져나왔다.

"정부 탓이야. 정부가 도대체 왜 최루탄을 쏘는지 모르겠어. 오딩가가 대통령이 돼야 해! 조금 있으면 오딩가가 나이로비 시내에 도착해!"

오딩가인지 오뎅인지 무슨 말인지 모르겠고, 우린 전속력으로 숙소에 뛰어 들어갔을 뿐이었다. 에어비앤비 주인 마일루Mailu는 우리를 보자마자 지금 케냐 정치 상황이 좋지 않으니 시내에 절대 나가지 말라고 했다. 우리는 너무 지쳐 무슨 상황인지 묻지도 따지지도 않고 일단 침대 위에 쓰러졌다.

한숨 돌리고 휴대폰으로 CNN과 로이터 통신에 접속했다. 메인 뉴스를 장식한 헤드라인을 보고 깜짝 놀랐다. 아니 뒤로 나자빠졌다.

케냐 나이로비, 시위대 진압 과정에서 경찰이 쏜 총에 맞은 시민 3명 사망

우리가 이 위험천만한 현장에 있었다고? 미치고 팔짝 뛸 것처럼 심장이 쿵쾅댔다. 총격이 오가는 시위 현장에 있었다는 사실이 충격적이었다. 하필 우리가 나이로비에 도착했을 때 이런 일이 벌어지다니, 도착과 동시에 나이로비를 떠나고 싶은 마음뿐이었다.

빈부 격차가 심하고 교육받지 못한 가난한 사람들이 많은 아프리카에는 정치 운동이 없을 거란 생각은 큰 착각이었다. 2017년 대통령 선거에서 재선된 우후루 케냐타Uhuru Kenyatta와 이에 반대하는 라일라 오딩가Raila Odinga라는 인물에 대해서 읽어 내려갔다. 그렇게 우리의 케냐 여행 첫날은 뜻하지 않게 케냐의 정치 상황에 대해 공부하는 날이 돼 버렸다.

케냐는 변화하고 있었다. 하필 우리는 그 변화의 한가운데에 뛰어들었던 것이다.

나이로비
Nairobi

케냐의 수도 나이로비는 마사이족 언어로 '맛있는 물, 시원한 물'이라는 뜻을 가지고 있다. 1,860m의 고원에 위치해 있어 기후가 신선하고 쾌적한 편이다. 원래는 마사이족과 키쿠유족Kikuyu People의 거주지였다. 하지만 1899년부터 철도가 건설되고 지방의 행정 기관들이 옮겨 오면서 대도시가 되었다. 나이로비는 치안이 불안정하고 범죄가 많은 도시로도 유명하다. 1988년 8월 7일에 나이로비와 탄자니아 다르에스살람 미국 대사관에서 테러 단체 알카에다에 의한 폭탄 테러가 발생했다. 나이로비에서만 213명이 사망했다. 2013년 9월에는 나이로비의 대형 쇼핑몰(웨스트게이트)에서 테러가 발생해 수십 명의 인명 피해가 발생했다. 2014년 5월에는 나이로비 시내버스 두 대에서 폭발물이 터져 62명이 부상당한 사건이 있었다. 2017년 11월경 우리가 나이로비를 방문했을 땐 대통령 선거 등의 정치적 이유로 시위가 한창이었다. 따라서 케냐 나이로비를 방문할 예정이라면 외신 보도를 눈여겨보는 게 좋다.

데이비드 셸드릭 야생동물재단
The David Sheldrick Wildlife Trust

케냐 나이로비에서 1시간쯤 떨어진 곳에 위치한 코끼리 고아원으로 코끼리 구조 및 재활 프로그램을 운영하는 곳이다. 축사마다 어린 코끼리들의 이름과 생일, 그리고 버려진 곳이 표시되어 있다. 초록색 옷을 입은 20여 명의 보육사가 어린 코끼리의 엄마 역할을 한다. 하루에 한 번 문을 열고, 현장과 인터넷상에서 코끼리 보호를 위한 기부가 가능하다.

평생을 야생동물 구조와 밀렵 반대에 힘써 온 영국인 대프니 셸드릭Daphne Sheldrick이 만들었다. 대프니 여사는 야생동물 보호로 영국 왕실로부터 기사 작위를 받기도 했다. 우리나라에서는 TV 프로그램 〈무한도전〉에서 정준하와 박명수가 방문해 '도토 잠보!'라는 유행어를 남긴 곳으로 알려져 있다.

▪ **홈페이지** www.sheldrickwildlifetrust.org

하얀 시샤 연기로 가득했던
광란의 금요일 밤

집 전체를 클럽으로 만들어 버린 에어비앤비 호스트

"마일루, 이 하얀 연기는 뭐야? 마셔도 되는 거야? 냄새가 이상해."

"걱정 마! 라벤더 안개야. 머리가 아플 때 맑게 해 주는 효능이 있어."

"그런데, 너희들 혹시 마약하는 거야?"

"걱정 마, 걱정 마! 한국인들한테는 권하지 않아. 한국에선 마약이

　불법이잖아."

　케냐의 치안 상태가 좋지 않다는 말에 숙소 고민이 컸다. 나이로비 시내 중심부에서 가까운 곳, 안전하게 걸어 다닐 수 있는 범죄 없는 거리, 정부 부처가 몰려 있고 경비가 삼엄한 곳이 우리가 숙소를 고르는 조건이었다. 수소문 끝에 대사관이 몰려 있는 동네의 한 아파트를 예약했다.

　집주인 마일루는 평일에는 은행원이고 주말에는 클럽에서 DJ 일을 한다고 자신을 소개했다. 가끔 집에 친구들을 불러 클럽처럼 논다고도

넓은 거실이 있는 깔끔한 마일루네 집

했다. 마일루의 집은 우리가 아프리카 여행을 하며 묶었던 숙소 중 가장 좋았다. 보들보들하고 도톰한 이불을 얼마 만에 덮어 보는 건지 천국이 따로 없었다. 폭신한 침대에 전기장판까지 갖춰져 있었다. 현지인 메이드는 우리의 찌든 옷을 깔끔하게 손빨래해서 다림질까지 해줬다. 세렝게티에서는 샴푸가 없어 긴 머리카락을 물로만 헹궜었는데, 마일루네 욕실에 구비된 각종 트리트먼트와 헤어 오일, 에센스를 보자마자 머릿결 관리에 들어갔다. 배낭여행자인 우리에게 마일루의 집은 초특급 호텔이나 마찬가지였다.

마일루는 아침 10시에 나가서 오후 4시가 되면 돌아왔다. 퇴근 후에는 저녁이 있는 삶을 살았다. 밤마다 동료들과 영화 모임 혹은 인도어 스터디가 있다며 나갔다. 야간 축구를 하는 날엔 근사한 유니폼과 축구화를 뽐내기도 했다. 여행도 얼마나 많이 다녔는지 러시아에서 사 온 전통 인형 마트료시카^{Matryoshka}와 브라질 전통 칵테일 카이피리냐^{Caipirinha}가 장식장에 예쁘게 놓여 있었다. 그뿐만이 아니었다. 일본에서 산 기모노 인형과 인도에서 공수한 각종 향초들까지, 마치 세계 여행 전시장 같았다. 마일루와 매일 여행에 관한 얘기를 나누며 함께 커피를 마셨다.

"마일루, 우리 3일 더 머무르고 싶은데, 괜찮을까?"

"오! 나야 영광이지, 좋아. 편하게 머물다 가. 그런데 금요일에 내 친구들이 오는데, 괜찮아?"

"우리야 좋지. 케냐 친구들도 사귀고 싶어!"

"음, 친구들이 음악을 좋아해서 조금 시끄러울 수도 있어. 클럽처럼 놀 거거든."

"클럽? 완전 좋은데! 기대할게!"

사건은 금요일 밤에 일어났다. 교회에 간다고 성경책을 들고 십자가 목걸이까지 하고 나간 마일루가 들어올 땐 완전 딴판이었다. 어디서 옷을 갈아입었는지 힙합 패션이었다. 마일루를 따라 들어온 두 명의 친구들도 만만치 않았다. 헤드셋을 쓴 채로 웨이브를 타면서 현관문을 통과했다. 신발을 벗을락 말락 현란하게 다리를 움직이더니 현관에서 한참 동안 소울 가득한 춤을 췄다.

"하이! 코리안 처음 봐! 반가워, 음악 좋아해? 케냐 뮤직비디오 보여 줄까?"

"좋지! 케냐 음악 좀 크게 틀어 줘."

"오케이, 히얼 위 고!"

쉴 새 없이 몸을 뱀처럼 흔들던 친구들은 분명 술이 아닌 콜라를 마시고 있었다. 술 없이도 이렇게 정신없이 놀 수 있다니. 이어서 세 명의 여자 친구들이 도착했다. 우리를 보자마자 아프리카에서 유행하는 춤을 알려 주겠다며 온몸을 이용해 거센 춤사위를 선보였다.

생각대로 몸이 따라 주지 않았던 우리는 잠깐 어울려 놀다가 장을 보러 나갔다. 동생과 나는 우리만의 불금을 보내자며 돼지고기와 채소를 샀다. 나이로비 시내에서 최루탄을 맞은 이후 우리는 아무것도 하지 않고 숙소에서만 시간을 보냈다. 다시 힘을 내 여행을 해 보자는 의미에서 삼겹살 파티를 할 예정이었다.

"너희들 뭐 해? 뭘 말고 있는 거야?"

"아, 이건 대마초야. 아주 어린잎이라서 약해."

장을 보고 돌아왔을 때 이미 집은 하얗게 물들어 있었다. 시샤를 계속 피워 놓는 바람에 연기가 가득한 것처럼 뿌옇고 라벤더 향기가 진동했다. 그 속에서 케냐 친구들은 종이에 무언가를 말고 있었다.

사실 대마초를 피우는 모습이 놀랍진 않았다. 남미 볼리비아와 칠레 등을 여행할 때도 숙소에서 대마초를 나눠 피우는 여행객들을 많이 봤기 때문이었다. 다행히 마일루와 친구들은 우리에게 대마초를 권하지 않았다.

"한국에선 불법이지? 너희는 구경만 해. 손도 대지 마."

"응, 그런데 케냐는 합법이야?"

"아니, 불법이지. 그런데 이건 어린잎이라, 이 정도는 괜찮아."

"아, 우린 저녁 먹으려고. 돼지고기 구워 먹을까 해."

"편하게 먹어, 편하게. 우린 베란다에 나가서 피울 거야. 걱정하지 마. 피해 안 줄게! 그리고 이건 '시샤'라는 거야. 스펠링은 S. H. I. S. H. A야. 구글에 검색해 봐. 이건 마약 아니야. 너네한테 영향을 미치지 않을 거야. 그러니까 이건 거실에서 좀 피울게."

그들은 정말로 시원한 베란다에 나가 대마초를 피우며 춤을 췄다. 아파트 단지 안에서 이래도 되나 싶었지만 항의하는 사람은 없었다.

마일루의 파티에 꽤나 당황했지만, 케냐인들의 파티 문화라고 이해하고 넘어가기로 했다. 마일루와 친구들은 신나게 놀다가도 우리한테 다가와 케냐의 대표 커피 세 가지를 내려 줬다. 세계맥주대회에서 유럽을 제치고 당당하게 1위를 차지했다는 케냐 맥주도 건넸다. 그날 밤 우리는 일찍 방에 들어가 잠을 청했다. 다음 날 아침, 하얀 연기가 방 안에 가득해 깜짝 놀라며 일어났다. 그들의 파티가 무려 아침 8시까지 이어진 것이었다.

마일루는 우리가 케냐를 떠난 후에도 계속해서 안부 문자를 보냈다. 우리는 에티오피아에 갔다가 다시 케냐 나이로비로 돌아올 예정이었다.

지금은 어디야? 이번 주에 케냐 대통령 취임식이 열려. 나이로비에 온다면 시내는 가지 마.

에티오피아는 좋아? 이번 주에 대통령이 이스라엘로 출국한대. 아마

256

공항이 마비될 거야.

마일루는 우리가 나이로비로 돌아왔을 때 또다시 위험천만한 시위와 폭동을 겪게 하고 싶지 않았는지 정치 상황에 대한 정보를 계속 보내 줬다. 하지만 고마웠던 마일루와는 다시 만나지 못했다. 우리가 나이로비에 다시 방문했을 때가 하필 대통령 선거일이라 치안이 불안정했기 때문에 마일루를 만나지 못한 채 황급히 떠났다.

우버 택시 기사의 분노의 질주

나이로비 공항 길목에 갇혀 이스라엘 총리를 맞이하다

"셧 더 퍼킹! 이스라엘 총리가 나랑 무슨 상관이야!"
"으악, 제발 천천히 달려. 부탁할게. 우리 지금 너무 무서워. 사고
  날 거 같단 말이야!"

우린 케냐 나이로비와 맞지 않았던 걸까. 나이로비에서 시위와 대
마초 파티를 목격한 후 왠지 모르게 쫓기듯 에티오피아 아디스아바바
로 떠났다. 하지만 에티오피아 여행이 끝나고 마다가스카르로 가기
위해 다시 케냐에 들러야 했다. 에티오피아 아디스아바바에서 케냐
나이로비로 다시 온 다음, 나이로비에서 열 시간을 대기한 후 마다가
스카르로 가는 비행 일정이었다.

"나이로비 시내 구경도 못했는데, 대기 시간 동안 공항 밖으로 나갈
래? 마사이마켓 가고 싶어. 마사이족이 만든 전통 수공예품 꼭 사고
싶었는데……."

258

"그럴까? 이제는 그 대통령 재선거인지 뭔지 다 끝나고 안정됐겠지?"

"인터넷에 케냐, 나이로비, 대통령 선거, 시위, 폭동, 오딩가, 케냐타 다 검색해 봤는데 아무것도 없었어!"

"그럼 나가서 느긋하게 케냐 AA 커피도 마시고, 기념품도 좀 살까?"

나이로비 시내를 제대로 여행하지 못한 것 같아 못내 아쉬웠던 우리는 열 시간 동안이나마 나이로비를 만끽하고 싶었다. 나이로비에는 유명한 대형 쇼핑몰을 비롯해 커피숍, 마사이마켓 등 갈 곳이 많았다. 빅 5 동물 자석과 티셔츠 등 사고 싶은 기념품 리스트도 많았는데, 시위 때문에 하나도 사지 못했다. 케냐에서만 생산되는 원두커피와 빵도 먹고 싶었다. 그렇게 우리는 공항에서 우버를 불러 나이로비 시내로 향했다.

하지만 공항에서 나오는 길에 우린 또다시 발이 묶였다. 경찰이 공항에서 시내로 나가는 모든 차량을 통제했다. 오토바이와 자전거도 허락되지 않았다. 차에 타고 있던 사람들은 모두 밖으로 나와 길거리에 털썩 주저앉았다. 어떤 사람들은 버스에서 내려 시내까지 걸어가는 방법을 선택했다. 걸어가려면 아마 두 시간은 걸릴 텐데, 그게 낫다고 생각하는 건 그보다 오랫동안 갇혀 있어야 된다는 뜻인가 싶었다.

"또 시위가 일어난 거예요? 경찰이 왜 우릴 막아요?"

"오늘이 우후루 케냐타 대통령 취임식 날이에요."

"대통령 취임식인데 왜 공항에서 나가는 차량을 막아요?"

"취임식에 이스라엘 총리가 온대요. 이스라엘에 우호적이지 않은 사람이 많아서 폭동이 일어날 가능성이 높아요."

"언제 오는데요?"

공항에서 시내로 나가는 길이 모두 막혔다.

"그거야 당연히 모르죠. 그냥 앉아서 기다려요. 우리랑 같이 대통령 취임식 생중계 보면 되겠네."

나이로비 공항에서 나오기 전 우린 큰 실수를 저질렀다. 지구 반대편 케냐에서 일어나는 일을 네이버에 검색하다니! 이렇게 멍청할 수가. CNN과 로이터, AP 같은 외신을 검색했어야 했는데, 나이로비 시내에 나가서 쇼핑할 생각에 정신이 팔려 있었다.

나이로비 시내에서 여유롭게 커피 한잔하겠다는 계획은 그렇게 물 건너갔다. 공항 입구에서 붙잡혀 두 시간 동안 아스팔트 위에 앉아 있어야 했다. 태양이 얼마나 뜨거운지 아스팔트 위에서 아지랑이가 피어올랐다. 그 아지랑이가 우리 살을 지지직거리며 태우는 것만 같았다.

얼떨결에 길가에 앉아 케냐 주민들과 함께 휴대폰으로 실시간 대통령

공항 길목에 갇혀 현지인들과 앉아 있는 동생

취임식을 봤다. 원래 우리 자매의 케냐 여행 키워드는 '사나운 야생 동물' '마사이족' '최고급 케냐산 원두커피' '에메랄드빛 바다' 등이었다. 그런데 뜻하지 않게 '대통령 선거' '정치적 테러' '민주화운동' '우후루 케냐타' '최루가스' 등으로 이어지고 말았다. 우리나라에서도 대통령 취임식을 실시간 생중계로 본 적은 없던 우리였다. 하지만 결국 '정치적인 변화를 겪고 있는 케냐의 역사적인 순간을 함께하다니!'라고 긍정적으로 생각하기로 했다.

취임식을 지켜보고 있는데 때마침 이스라엘 총리의 차로 보이는 검정 차량이 지나갔다. 경비가 얼마나 삼엄한지 경찰 오토바이와 보호 차량만 수십 대였다. 이스라엘 총리가 공항을 빠져나가자 경찰들이 통행 허가 신호를 보냈다. 그때부터 분노의 질주가 시작됐다.

경찰이 들고 있던 노란 깃발이 내려가면 다시 통행이 가능해진다. 신호와 동시에 자동차며 오토바이며 할 것 없이 부릉부릉 엔진을 가열하기 시작했다. 끼익 하는 소리를 기점으로 모두가 나이로비 시내를 향해 달렸다. 우리가 탄 우버 택시 또한 마찬가지였다.

우버 택시의 기사는 젊은 케냐인이었는데 모두들 밖에서 이스라엘 총리 차량이 지나가길 기다리는 동안에도 차 안에서 나오지 않고 음악만 듣고 있었다. 이스라엘 총리가 오는 게 맘에 안 든다고 했다. 이스라엘 총리 때문에 공항에 갇혀 손님을 태울 수 있는 시간이 줄었다고 불만을 토로했다.

젊은 케냐인 기사는 출발 신호와 동시에 시끄러운 음악이 흘러나오는 이어폰을 끼고 내달렸다. 출발부터 속도가 너무 빨라 몸이 뒤로 젖혀졌다. 마치 영화 〈분노의 질주〉 속 주인공처럼 빠르고 아슬아슬한 질주를 선보였다. 나는 자꾸 손에 땀이 나서 천장에 달린 손잡이를 두 손으로 꽉 잡아야 했다. 천천히 가 달라는 우리의 말은 이미 들리지 않았다. 노래를 그토록 크게 틀었으니.

나이로비 시내까지 20여 분간 150킬로미터의 속도로 달렸다. 신호 무시와 급정거는 기본이고 좌우로 끼어들기를 하며 고속 운전을 감행했다. 생명의 위협까지 느꼈지만 이미 소통은 불가능한 상태였다. 이스라엘 총리 때문에 정말로 화가 났는지, 치밀어 오른 분노를 운전으로 푸는 것 같았다. 신기하게도 도로 위 경찰들은 과속 운전과 교통신호 위반자들을 잡지 않았다.

"너무 빨리 달린 거 아니야? 무서워 죽을 뻔했네."

"미안해. 사실 난 오늘 대통령 취임식이 마음에 안 들어."

"아, 너는 라일라 오딩가 편이구나?

"어떻게 알았어? 한국인들이 케냐 상황을 다 알고 있어?"

"어, 우리가 좀 잘 알아."

"원래 오늘 시위가 일어났어야 했는데, 무산됐어. 취임식을 보고만 있어야 되다니… 아무튼! 오늘은 시위가 없을 거야. 나이로비 여행 즐겁게 해!"

아마도 우버 기사는 케냐 대통령의 반대편에 서서 시위를 하던 청년 이었으리라.

TRAVEL TIP

아프리카의 우버 택시

우버Uber는 스마트폰 어플로 차량과 승객을 이어 주는 서비스다. 우버에 등록된 일반인이 자신의 차량으로 운송 서비스를 할 수 있다. 승객이 어플을 통해 목적지를 선택하면 근처에 있는 우버 기사와 매칭된다. 비용은 승객이 내린 후, 어플에 등록된 신용카드에서 자동 결제된다. 매칭된 기사의 얼굴과 전화번호, 차량 번호가 다 뜨기 때문에 위험성이 적다.

하지만 아프리카에서는 남아공 요하네스버그Johannesburg에서 우버를 탈 경우 조심해야 한다. 택시 기사들이 우버를 부른 외국인과 도착한 우버 기사 모두를 폭행하는 일이 잦기 때문이다. 우리는 아프리카 여행 중 케냐와 남아공, 탄자니아 일부 지역에서 우버 택시를 이용했다. 다른 나라는 아직 도입되지 않았다(2017년 하반기 기준).

새빨간 용암에 압도당한 밤이었다. 홀린 것처럼 다들 불구덩이 속만 쳐다봤다.

쏟아지는 별빛 아래, 뜨거운 화산 용암

죽음의 3박 4일 다나킬 화산 투어

"가스 연기 때문에 숨이 안 쉬어져. 다시는 안 올 거야!"

"하늘 좀 봐. 별똥별이 엄청 떨어져. 빨간 용암 앞에 별이라니, 낭
만적이지 않아? 난 여기 꼭 다시 올 거야."

"낭만 같은 소리하네. 화산재 범벅인데, 여기서 어떻게 잠을 자라
는 거야? 콜록콜록."

"죽기 전에 꼭 다시 올 거야."

아프리카 여행을 하면서 우리 자매의 의견이 일치되지 않았던 단
하나, 바로 에티오피아 다나킬 투어였다. 3박 4일 동안 신비롭고 새
하얀 소금 호수, 다른 행성에 온 것처럼 생소한 유황 지대, 그리고 살
아 숨 쉬는 용암을 경험할 수 있는 투어다. 찌는 듯한 더위와 위험한
오프로드로 일명 '미친 투어'라는 소문이 자자했다. 탄자니아 타자라
열차에서 만난 그리스 커플과 스페인 커플은 이 다나킬 투어에 대해

265

흥분하며 열변을 토하기도 했다.

"진짜 미친 곳이야. 말도 안 되게 미친 곳이야!"

평생 동안 살면서 쉽게 볼 수 없는 새빨간 용암의 광경이 미쳤다는 뜻이기도 했지만, 가는 길이 너무 위험해서 미친 곳이라는 이중적인 의미를 담고 있었다.

아디스아바바에서 다나킬 투어가 시작되는 메켈레까지는 비행기로 한 시간이 걸렸다. 우리와 함께한 팀원은 스웨덴에서 온 커플이었다. 남자는 3년 전에 이곳에서 용암을 봤는데 너무 멋있어서 여자친구가 생기면 함께 다시 오고 싶었다고 했다. 투어는 지프차 1대당 여행객 4명이 정원이었다. 보통 5~10대 정도의 차가 동시에 출발한다.

다나킬 투어 첫날부터 대여섯 시간을 오프로드로 달렸다. 에어컨을 틀어도 땀이 줄줄 흘렀다. 선크림을 아무리 발라도 이미 건조해질 대로 건조해진 피부에는 먹히지 않았다. 오프로드에서 지속적으로 엉덩방아를 찧으면서 내 손은 머리라도 보호하기 위해 머리칼을 쥐어뜯고 있었다. 출발한 지 몇 시간 되지도 않았는데 손톱과 발톱에는 이미 때가 까맣게 꼈다. 나도 모르게 손을 입 근처로 가져다 댔다가 냄새 때문에 토할 뻔했다. 쩍쩍 갈라진 피부 위에 먼지 토핑까지 더해져 마치 토인 같은 몰골이 됐다.

"자, 여기가 오늘의 숙소입니다. 자고 싶은 자리를 골라 봐요."

"어디가 방이에요? 화장실은요? 샤워는 어떻게 해요?"

"내추럴 홈Natural Home, 내추럴 토일렛Natural Toilet입니다. 잠은 야외에

허허벌판에 펼쳐진 숙소에는 나무 침대만 덜렁 있다.

서 하늘의 별을 보면서 자면 돼요. 화장실은 저 언덕 너머로 걸어가서 눈치껏 시도하면 됩니다. 단, 남의 똥을 밟을 수 있으니 조심하세요. 아, 그리고 물이 없어서 샤워는 할 수 없습니다.”

허허벌판에 마련된 잠자리를 보고 난 후 투어 첫날 일정인 소금 호수로 향했다. 소금 호수 저 멀리서 길게 늘어선 점들이 우리에게 다가왔다. 다가올수록 점차 또렷해지는 모습은 낙타였다. 소금을 등에 지고 5~10일 동안 이동한다고 했다. 아프리카에서 처음으로 낙타를 본 우리는 옆에 바싹 붙어 같이 행진했다. 그러다가 낙타가 ‘카악’ 하고 침을 뱉을 때면 냅다 도망쳤지만, 침을 뱉는 모습조차 신기해 호들갑을

내추럴 홈 뒤편으로 사람들이 내추럴 토일렛에 다녀온다.

떨었다. 에티오피아의 소금 호수는 남미 볼리비아의 소금 사막과는
또 다른 느낌이었다. 볼리비아 소금 사막에서는 사방이 깨끗하고 청
명해 발로 물을 튀기며 이곳이 진짜 존재하는 곳인지를 계속 확인했
다. 온 세상이 고요한 듯 적막했다. 반면, 에티오피아 소금 호수는 풍
경은 비슷했지만, 모두 함께 노랗게 물든 노을을 바라보며 파티 분위
기를 연출했다. 소금 호수를 유유히 걷는 낙타 행렬도 단연 독특한 분
위기에 한몫했다. 투어가 끝난 후 역시나 드라이버는 음주 운전으로
우리를 내추럴 홈에 데려다줬다.

1. 함께하는 정이라며 가이드가
   가득 따라 준 양주 한잔
2. 소금 호수에서 마주친 낙타들

암체 가이드는 관광객이 돌아오면 물만 뿌려 줬다.

유황 지대 필수 패션!

둘째 날은 유황 지대로 향했다. 그런데 어쩐 일인지 가이드가 따라오지 않았다. 알고 보니 유황 지대는 미칠 듯한 더위로 땀을 뻘뻘 흘려야 하고 무언가 썩는 듯한 냄새가 진동해 숨도 제대로 쉴 수 없는 곳이었다. 게다가 애벌레의 땀구멍 같은 바닥은 환공포증을 불러일으켰다. 부글부글 끓어오르는 유황 지대는 금방이라도 폭발할 것 같았다. 혹시 가스 중독을 일으킬까 싶어 코를 막아 보기도 했다. 하지만 곧 이 세상이 아닌 것 같은 특이한 환경에 매료돼 썩은 냄새도 잊고 한 시간이나 이곳저곳을 돌아다녔다. 그렇지만 가이드가 왜 이곳에 우리만 가라고 했는지 알 것 같았다. 가이드는 우리가 유황 지대에서 돌아오자 썩은 계란 냄새를 벗겨 주겠다며 온몸에 냅다 물을 부었다.

그리고 대망의 셋째 날이었다. 드디어 화산으로 향했다. 지프차가

자연 그대로의 모습을 간직한 현무암 산을 타고 올랐다. 차가 90도로 꺾이는 것 같아 소리를 질러 댔지만, 가이드 아빅^Avic^은 우리가 무서워하는 모습에 오히려 신이 났다.

저녁 7시쯤 화산에 올라가기 위한 베이스캠프에 도착했다. 이후로는 차량으로 이동할 수 없어 두 시간 정도 걸어야 했다. 60~70대 노인도 걸을 수 있는 동네 언덕 같은 코스였다. 하지만 어둠 속을 헤드랜턴 하나에 의지한 채 걸어야 했다. 양옆을 살펴도 어둠뿐이라 딱 발밑만 볼 수 있었다. 어디로 가는 건지 정확히 알지 못한 채 막연히 '용암'을 향해 계속해서 올라갔다. 나중에 생각해 보니 차라리 아무것도 안 보이는 깜깜한 밤이었기에 쉽게 쉽게 올라갔던 것 같다. 당시에는 저 멀리 보이는 붉은빛만 생각했다.

용암 도착 30분 전쯤 되자 화산가스와 재가 온몸을 뒤덮었다. 모두가 콜록거리며 가쁜 숨을 내쉬었다. 그러나 가이드는 지체할 시간이 없다며 곧바로 용암으로 향했다. 단단할 줄 알았던 현무암은 쉽게 부서졌다. 몇 년 전 화산이 폭발해 그 주변이 아직 딱딱하게 굳지 않았다고 했다. 칠흑 같은 어둠 속에서 발을 잘못 디뎠다간 무릎까지 쑥 빠지는 사고가 발생할 수도 있다. 동행했던 영국인 할머니는 화산석의 강도가 낮은 곳을 밟아 몸이 쑥 빠져 버렸다. 다리에서 피가 흘렀고 결국 용암을 보지 못한 채 낙타를 타고 하산해야 했다.

"진짜 미쳤네. 화산석이 아직 굳지도 않았는데 여행객을 데려온다고?"
"아 좀, 조용히 해. 좀만 더 가면 용암이야."

용암 바로 앞 숙소. 이곳에 침낭을 펴고 그대로 잠들었다.

아직 굳지 않은 현무암

　드디어 무섭도록 활활 타오르는 용암과 마주했다. 새빨간 용암은 엄청난 굉음과 함께 벽에 부딪치면서 솟구치기를 반복했다. 모두 홀린 듯 용암 안쪽을 쳐다봤다. 거대한 파도가 바위에 부딪치는 모습과도 비슷했다. 다만 색깔이 빨갛고 뜨겁다는 것이 달랐다. 거대한 용암 파도가 벽을 순식간에 녹여 버릴 때는 모두가 '대단하다'를 외쳤다. '스고이(일본)' '슈퍼 그레잇(미국)' '그로스아르티히(독일)' '아솜브로소(스페인). 분명 다 다른 말인데 뜻은 똑같았다. 보고도 믿기 힘들 정도였다. 압도적인 용암의 모습에 시선을 완벽하게 뺏겼다.

　"여기 떨어지면 뼈도 안 남고 사라지겠지."

　"에티오피아, 진짜 개고생 끝에 끝내주는 광경을 선물로 주는 것 같아."

　그 순간 독일인 친구 한 명이 욕심을 부려 용암 앞쪽으로 갔는데, 현무암이 살짝 깨지면서 위험한 상황이 될 뻔했다. 용암 주변에는 안전

어둠 속에 비친 붉은 용암 빛은 평생 다시 못 볼 장관이었다.

장치가 따로 설치되어 있지 않았다. 스스로 알아서 조심해야 했다. 한 여행객은 가이드에게 따져 묻기도 했다.

"안전한 거 맞아요? 가이드들은 도대체 뭘 하는 거예요? 여행객을 잘 챙겨야 하는 거 아닌가요?"

"안전해요. 그리고 우리는 안전보다는 여러분의 만족에 더 큰 의미를 둡니다. 지금 이 용암, 만족스럽지 않나요?"

평생 보기 힘든 용암까지 데려다줬으니 안전은 너희가 알아서 챙겨야 한다는 말투였다. 용암을 보는 내내 '정말 멋있다. 내가 용암을 보다니, 실화야?'라는 생각과 '진짜 책임감 없네. 누가 죽어 나가도 모르겠어'라는 생각이 머릿속에서 계속 왔다 갔다 했다.

용암을 본 다음에는 근처 땅바닥에서 취침했다. 얇은 매트리스 위에 누워 화산가스와 재가 섞인 공기를 들이마시며 잠을 청했다.

"사실 여기서 죽은 사람 많은데, 다 숨기고 있는 거 아니야?"

"왜 이렇게 부정적이야. 우리가 여행하면서 용암 볼 기회가 얼마나 되겠어. 아마 지금 단 한 번일걸. 그리고 가짜 용암도 아니고 진짜 용암인데, 여기까지 오는 길을 하나하나 아스팔트로 깔고 고급 호텔을 지을 수 있겠어? 대자연 리얼 야생인데?"

"진짜로 멋있는 여행지는 맞아. 그래도 밧줄 같은 거라도 쳐 놔야지. 화산석이 아직 딱딱하게 안 굳어서 사람이 빠지는 마당인데 안전한 길만 걸을 수 있도록 한다든가, 용암 주변에 안전 줄을 그어 놓는다거나. 다른 한국 사람들은 여기 오지 못하게 해야 해. 너무 위험해."

"아니, 다른 사람들이 오겠다는 걸 언니가 왜 말려. 왜 이 엄청난 용암을 못 보게 해? 계속 구시렁거릴 거면 그냥 잠이나 자."

"화산가스가 시뿌옇게 가득 찼는데 어떻게 자냐?"

난 이 말을 남기고 10초쯤 뒤에 잠들어 버렸다. 화산가스 때문에 숨을 제대로 쉴 수 없어 한껏 예민한 상태였는데, 몸이 너무 피곤해서 싸우다가 쥐도 새도 모르게 잠들어 버린 것이었다.

다음 날 아침, 우린 하산하며 다시 얘기를 나눴다. 동생은 나중에 또 이곳에 올 거라고 했고, 나는 응원은 하지만 안전에는 신경 써 달라고 당부했다.

함께 여행을 한다고 해서 여행지에 대한 생각도 똑같을 필요는 없다. 세렝게티를 1등 여행지로 뽑았을 때는 서로 맞장구를 치며 격하게 동의했다. 하지만 항상 그렇게 같은 생각을 할 수는 없다. 의견이

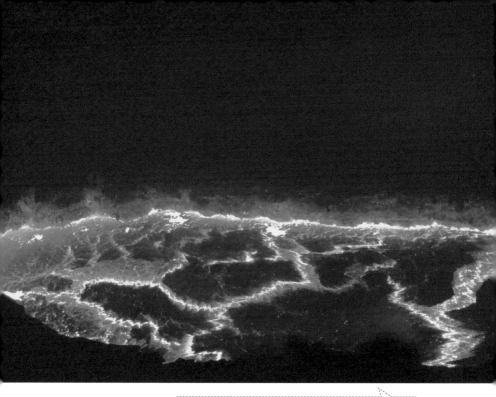

용암에 닿기라도 한다면? 너무 아찔했지만 계속해서 빠져들었다.

다를 경우엔 그냥 각자 생각을 이야기하고 들어 주면 되는 것 같다.
'나는 싫었으니 너도 싫어해라' '나는 좋았는데 네가 왜 싫어하는지
모르겠다' 같은 고집을 부리면서 설득을 할 필요가 뭐가 있을까. 나는
그래서 동생의 용암 재방문을 응원하기로 했다.

다나킬 투어

다나킬 투어Danakil Desert는 크게 에르타 알레Erta Ale 활화산과 달롤Dallol 유황 지대, 소금 호수 카룸호Lake Karum 등이 포함되어 있다. 1박 2일, 2박 3일, 3박 4일 투어로 나뉘지며 가격은 대략 300~450달러다. 에티오피아의 수도인 아디스아바바Addis Ababa에서 투어의 시작지 메켈레Mekelle까지 버스로 갈지, 비행기로 갈지에 따라 가격이 달라진다. 여행사와 협상을 잘하면 더 할인받을 수 있고 공항 픽업이나 숙소 제공 등도 얻을 수 있다.

야외 취침 때는 주변에 정말 아무것도 없기 때문에 침낭을 준비하는 것이 좋다. 우리는 여행사에서 공용 침낭을 받았지만 차가운 밤공기와 냉한 바닥을 이겨 낼 만큼 따뜻하지 않았다. 유황 지대와 용암에 갈 때는 냄새와 재 때문에 마스크가 꼭 필요하다. 우린 정보가 없어 미처 준비하지 못했고 계속 기침에 시달렸다. 제대로 씻을 수 없는 경우가 많아 물티슈도 챙기면 좋다. 또한 에티오피아의 날씨는 살인적으로 덥기 때문에 수시로 수분 섭취를 하면서 쓰러지지 않도록 조심해야 한다.

에르타 화산은 몇 년 전 폭발했다. 최근까지도 용암이 흘러 지대가 완벽하게 굳지 않아 빠지는 경우가 있다. 화산에 다가갈수록 화산가스가 심해지기 때문에 마스크를 꼭 준비해야 한다. 화산에서 1박을 할 때는 날씨가 추워 패딩이나 침낭을 준비하면 좋다. 최근에는 에르타 알레 화산에서 여행객이 무장 강도에 의해 피살당한 일이 발생해 지금은 무장 군인과 동행해서 투어가 이뤄진다고 한다.

■ **관련 사이트** www.ethiotravelandtours.com

진한 노랑의 유황 지대는 신기하지만 계란 썩은 냄새가 진동한다.

소금 호수에서 소금 덩어리를 캐 낙타에 실어 나르며 생계를 유지하는 현지인들

아디스아바바는 지금 공사 중

중국 자본의 유입으로 변화를 겪고 있는 에티오피아의 수도

"아디스아바바 시내 구경시켜 줄게요. 내 중국인 친구들이 시내에
있는 건물을 거의 다 짓고 있어요. 저도 이번에 엄청 큰 호텔을 건
설하게 됐어요. 진짜 크고 좋은 중국 식당 있는데, 같이 갈래요?"
"건물을 중국인이 짓는다고요? 아, 그래서 전부 중국어 간판이구나."

뜻하지 않게 에티오피아 구경을 현지인이 아닌 중국인으로부터 제
안받았다. 케냐 나이로비에서 에티오피아 아디스아바바로 향하는 비
행기 안이었다. 깔끔한 양복 차림에 명품 신발을 신고, 명품 가방을
들고, 명품 선글라스까지 낀 그는 자신을 케빈Kevin이라고 소개했다.
영국에서 10년간 유학을 하고 지금은 에티오피아 아디스아바바에서
고층 건물을 디자인하는 일을 한다고 했다.
  "에티오피아는 가난한 나라로 알고 있는데, 고층 건물이 있어?"
  "비행기에서 내리면 알겠지. 나도 최빈국이라고 들었는데……."

아디스아바바까지 함께 간 케빈과 함께

케빈은 자신의 친구가 공항에 마중 나와 있으니 함께 가자고 했다. 공항에 나온, 성이 왕 씨인 친구 역시 명품을 한껏 차려입고 있었다.

"아, 위험한데 도로로 달려드는 거 봐."

아프리카에선 아이들이 길거리에서 구걸하는 모습을 흔히 볼 수 있다. 하지만 에티오피아에서 만난 아이들은 뭔가 더 안타까웠다. 아이들은 우리가 탄 차의 창문을 잡더니 차와 함께 뛰었다. 4차선 도로에서 빠르게 질주하는 차들 사이로 여러 명의 아이들이 왔다 갔다 했다. 매일 그렇게 돈을 구걸하는지 차를 피하는 솜씨가 한두 번 해 본 것이 아니었다. 아이들은 아슬아슬하게 달려오는 차를 피하고 또 아무 차에나 달라붙었다. 차창이 열려 있기라도 하면 팔을 안으로 넣어 돈을 받아 냈다. 때로는 차에 매달려 발이 뜬 채로 끌려가는 위험천만한 행동도 서슴지 않았다.

그때 왕이 돈뭉치를 두둑이 꺼내더니 창밖으로 던졌다. 우리야 가난한 배낭여행객이라 안타까움에 발을 동동 구를 뿐이었지만, 이들은 돈 많은 사업가였다. 아마 왕이 착용한 명품 하나만 던져 줘도 아이들에겐 몇 년 치의 밥벌이가 될지도 모른다.

"왕, 얼마나 준 거야?"

"2,000비르(약 8만 원). 하루에 몇 번씩이나 주고 있어. 에티오피아에서 살다 보면 그냥 지나칠 수가 없어. 엄청 가난하거든. 그냥 도와주고 싶어."

에티오피아에서 커피 한잔에 대략 5비르(약 200원)니까 2,000비르면 무려 커피 400잔 값이었다. 역시 중국인은 큰손이라며 왕을 칭찬했다. 하지만 아쉽게도 케빈과 왕은 갑자기 공사 현장에 문제가 생겨, 우리를 숙소에 내려 주고 식사는 다음을 기약했다.

"공사 중인 곳이 왜 이렇게 많아? 다 뼈대만 있네. 공사가 멈춘 건가? 제대로 지어진 건물이 하나도 없어."

"최근에 짓기 시작했나 봐. 그러니까 이 건물들을 다 중국인이 지어 준다는 거지?"

그렇다. 아디스아바바는 전부 공사 중이었다. 뼈대만 있는 높은 건물이 을씨년스럽게 늘어선 모습이 마치 영화에 나오는 암흑의 도시 같았다. 건물 아래에는 중국말로 된 간판이 자리 잡고 있었다. 중국의

아디스아바바의 거의 모든 지역이 공사 중이었다.

대기업들이 건물을 짓고 있었다. 아디스아바바 공항도 중국 자본으로 지어졌다. 최근엔 제2터널도 중국이 확장해 주고 있다. 이 때문인지 현지인들은 우리를 볼 때마다 중국인이냐고 물었다. 숙소 주인은 중국인을 참 고마운 사람들이라고 치켜세웠다.

아디스아바바에 머물면서 가장 두려웠던 건 강도가 아니라 위험해 보이는 공사 현장이었다. 공사가 진행 중인 길목을 지나다가 떨어지는 자재에 맞을까 봐 무서웠다. 가뜩이나 도로가 잘 갖춰지지 않은 나라인데 무조건 건물만 올리다 보니 안전은 뒷전이었다. 사람이 걸어다니는 길목마다 건축 자재와 시멘트 가루가 쌓여 있었다. 공사 현장을 올려다보면 금방이라도 돌덩이가 아래로 떨어질 것 같아 아슬아슬

했다. 인부들은 안전모자는커녕 웬만한 일은 기계도 없이 손으로 해결하고 있었다. 아디스아바바는 변화의 물결과 안전 불감증 사이에서 높고 위태롭게 서 있었다.

에티오피아에 왔으면 당연히 예가체프 원두커피 정도는 마셔야 하지 않겠냐며 유명한 커피숍에 들렀다. 에티오피아에서는 아주 작은 잔에 커피를 넘쳐흐르듯 담아 준다. '커피 세리머니'라고 해서 전통 방식으로 커피를 내주는 의식도 있다.

"사진을 찍어도 풍경이 죄다 공사판이네."

"공사장 좀 안 나오게 찍을 수 없어? 여기가 에티오피아인지 중국의 공사장인지 모르겠어."

우리가 원했던 순간은 커피잔 너머로 에티오피아 아이들이 밝은 얼굴로 지나가는 모습이었다. 하지만 현실은 커피잔 너머 공사장이었다. 사진을 한국의 친구들한테 보냈다면, 아마 '너 공사장에서 커피 마시고 있어?'라고 말했을 거다. 삭막한 풍경 때문인지 에티오피아산 리얼 예가체프 원두커피의 맛도 그저 인스턴트커피 같았다.

"언니, 아디스아바바도 쿠바 아바나처럼 되는 거 아냐?"

"그게 무슨 소리야?"

"쿠바가 미국이랑 수교 발표했잖아. 그렇게 되면 아바나만이 가지고 있는 전통이 없어질 거라고, 배낭여행객들이 엄청 걱정하지 않았어? 쿠바가 변하기 전에 지금 빨리 여행해야 한다는 소문도 있고……."

아디스아바바의 풍경을 커피와 함께 담고 싶었
는데 공사장뿐이라 아쉬웠다.

"그러네. 아디스아바바도 이대로 가다간 몇 년 안에 중국화될 수 있
겠다."

커피를 다 마시고 숙소로 걸어가는 길에 전철이 보였다. 이 가난한
나라에 전철이라고? 여행책에서도 아디스아바바에 전철이 있다는 정
보는 읽은 적이 없었다. 알고 봤더니 전철도 중국철도유한책임회사
CREC에서 만든 것이었다. 해가 떨어지면 무서워서 돌아다닐 수 없었
던 아디스아바바에 경전철이 생기면서 현지인들의 생활환경도 좋아
졌다. 출퇴근도 용이해졌고 교통 체증도 풀렸다. 주변 식당이나 상점
은 전철 운행 시간까지 문을 열어 돈도 더 잘 벌게 됐다고 했다. 그래
서 케빈과 왕이 우리에게 이런 말을 했나 보다.

"중국 덕분에 에티오피아 경제가 급성장할 거야. 우리가 이들의 생
계를 책임지고 있다고 보면 돼."

덜컥 겁이 났다. 정말 몇 년 뒤에 아디스아바바를 방문했는데 에티오피아 전통은 사라지고, 모든 것이 중국처럼 변해 있으면 어쩌지. 실제로 우리는 전통적인 커피 세리머니를 보고 싶어 아디스아바바 시내에 있는 커피숍을 여러 군데 찾아다녔지만 만나기 힘들었다. 스타벅스를 표방했다는 칼디스KALDI'S 커피숍에

커피를 넘치듯 따라 주는 것이 전통이다.

가서 커피 세리머니를 살짝 흉내 내는 정도만 볼 수 있었다. 에티오피아의 경제가 살아나고 가난한 사람들의 생계가 조금이라도 나아진다면 분명 좋은 일이지만, 여행자 입장에서는 사실 달갑지만은 않았다.

어쩌면 에티오피아는 생존을 위해 중국 자본을 받아들였을지도 모른다. 에티오피아인들이 처한 가난과 굶주림, 더딘 기술과 교육에 대해 생각해 봤다. 자국민들은 중국 자본을 반갑게 여기는데, 잠깐 들렀다 떠나는 우리가 변하지 않는 에티오피아를 기대하는 건 어쩌면 이기심일 수도 있다.

한창 변화하는 시기에 도착해 공사장만 보다가 돌아간 아디스아바바. 다음에 왔을 때 대도시로 변해 있다면 아쉬움도 생기겠지만 에티오피아인들의 삶의 질이 꼭 높아지길 바란다.

커피 세리머니
Coffee Ceremony

에티오피아에선 손님이 오면 환영의 의미에서 여성이 전통 의상을 입고 커피를 따라 주는 의식이 있다. 바로 커피 세리머니다. 현지인들은 분나 마프라트Bunna Maffrate라고 부른다. 분나는 에티오피아말로 커피라는 뜻이다. 생두를 작은 철판에 넣어 볶은 후, 나무절구에서 빻는다. 커

일반 가정집에서도 커피 세리머니 대접을 받았다

피 가루를 주전자에 넣어 물과 함께 끓여 손잡이가 없는 잔에 가득 따라 준다. 시니Sini라고 부르는 작은 잔에 커피 세 잔을 내주는 것이 예의다. 보통 첫 번째 잔은 '평화', 두 번째 잔은 '우정', 세 번째 잔은 '축복'을 의미한다. 낮은 찻상에 깔린 형형색색의 꽃과 나뭇잎, 진하게 피어오르는 커피 향이 시선을 사로잡는다.

카페와 음식점 곳곳에서 커피 세리머니를 볼 수 있다. 요즘은 커피와 함께 팝콘을 내준다.

에티오피아인들은 커피를 잔 가득 넘치도록 따라 준다.

인제라
Injera

인제라는 에티오피아와 소말리아, 에리트레아에서 먹는 전통 음식이다. 테프Teff라는 곡물의 가루로 만든 얇은 빵에, 고기나 야채 등을 싸서 먹는다. 인제라를 조금씩 뜯어 스튜에 찍어 먹기도 한다. 팬케이크보다 얇은 인제라는 다른 도구 없이 손으로 뜯어 먹는다. 발효 방법 때문에 시큼한 맛이 난다.

열 가지가 넘는 다양한 야채와 고기, 소스들이 시선을 확 끈다.

초록, 노랑, 빨강으로 페인트칠을 한 집

라스타! 빨강, 노랑, 초록으로 하나가 되다

밥 말리를 사랑하는 아프리카

"라스타? 밥 말리? 노 우먼 노 크라이?"
밥 말리와 그의 노래 〈No Wowan, No Cry〉는 알겠는데, 라스타
는 도통 무슨 말인지 모르겠다. 아프리카에서는 어딜 가나 현지인
들이 라스타를 외쳤다.

해외여행을 하면서 게스트하우스에 많이 머물렀는데, 그때마다 외
국인과 술 한잔할 때면 너도 나도 밥 말리 노래를 함께 불렀다. 밥 말
리의 노래 중 각자 가장 좋아하는 곡을 유튜브로 틀어 놓고 춤을 추기
도 했다. 밥 말리 광팬, 아니 밥 말리 찬양 수준의 흥겨운 술자리는 이
나라, 저 나라 따질 것 없이 똑같았다.

아프리카에서도 마찬가지였다. 남아공, 나미비아, 탄자니아, 케냐
까지 그 어디보다 밥 말리를 좋아하는 사람들로 넘쳤다. 기념품으로
차고 다니던 내 팔찌를 볼 때마다 사람들은 '라스타Rasta'를 외쳤다.

남아공에서 산 라스타 팔찌를 여행 내내 차고 다녔다.

팔찌는 빨간색과 노란색, 초록색이 어우러진 구슬 팔찌였다.

"오, 라스타! 나도 라스타야! 내 모자를 봐. 빨강, 노랑, 초록!"

하지만 라스타란 단어는 아프리카에 와서 처음 들었다. 다른 나라에서는 그저 밥 말리 노래를 함께 불렀을 뿐, 라스타라는 단어를 꺼낸 사람은 없었다.

"내가 라스타라고? 라스타가 정확히 뭐야?"

"라스타 몰라? 너 팔찌랑 가방 다 라스타야. 빨강, 노랑, 초록 세 가지 색이 라스타야. 너 완전히 라스타라고! 레게도 좋아하지?"

"라스타 스펠링이 어떻게 돼?"

"R. A. S. T. A. 밥 말리를 좋아하는 사람들의 깃발Flag 같은 거라고 생각하면 돼."

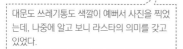
대문도 쓰레기통도 색깔이 예뻐서 사진을 찍었는데, 나중에 알고 보니 라스타의 의미를 갖고 있었다.

아프리카에서 길거리를 지나다 보면 라스타 색상을 자주 볼 수 있다. 무더운 날씨에도 꼭 라스타 모자만 쓴다는 버스 기사 아저씨, 대문 색을 라스타 색상으로 바꿔 버린 숙소 주인, 밥 말리 얼굴이 그려진 티셔츠만 입고 다니던 투어 가이드, 머리부터 발끝까지 온몸을 세 가지 색상으로 도배한 라스타 패셔니스타도 있었다. 밥 말리의 상징이라는 건 알았지만 단순히 노랑과 초록, 빨강의 조합이 예뻐서 차고 다녔던 팔찌 때문에 아프리카인들은 나를 '라스타'라며 격하게 반겼다.

아디스아바바 게스트하우스에서 저녁을 먹고 맥주를 한잔하고 있을 때였다. 에티오피아 현지인과 칠레 친구가 다가오더니 또 나에게 라스타냐고 물었다. 이제 라스타 뜻을 알았으니 그렇다고 당당하게

버스 터미널에서 만난 아저씨의 모자도, 다이빙 가이드의 팔찌도 라스타!

말했다. 라스타 스펠링을 듣고 인터넷으로 정보를 많이 찾아본 뒤였다. 라스타의 의미와 색깔이 에티오피아에서 유래했다는 것까지 알고, 살짝 아는 척도 해 봤다.

"응, 나 라스타야. 이 라스타가 에티오피아 국기 색깔에서 온 거라며? 라스타파리아니즘은 에티오피아 황제한테서 유래된 거고?"

"동양인이 라스타에 대해서 알다니! 놀라운데! 오늘 맥주 내가 쏜다! 밥 말리 레드 와인 노래 들으면서 마시자!"

"정말? 난 그럼 에티오피아 맥주 하베샤Habesha로 주고, 동생은 웰리아Walia로 할게."

"그 맥주는 또 어떻게 알아? 에티오피아 완전 좋아하는구나."

아프리카 여행 초반에는 라스타가 무슨 뜻인지 제대로 몰라, 라스타냐고 물었을 때 아니라고 답했다. 삼색의 팔찌를 하고 있으면서도 라스타가 아니라고 하니 아프리카인들은 실망을 감추지 못했다. 하지만 라스타의 뜻을 알고 나서부터 자신 있게 말하고 다니자 현지인들이 더욱 친근하게 다가왔다.

여행을 하면서 아프리카의 문화에 대해 조금이라도 알고 대화를 할 때면 그들의 태도는 확실히 달라졌다. 그건 우리도 마찬가지였다. 탄자니아 잔지바르에서 우리나라 드라마 〈주몽〉을 아는 청년을 만났을 때 얼마나 반가웠던지. 여행하는 나라에 대해 조금이라도 알고 있다면 현지인들과 더 가까워질 수 있는 건 분명하다. 케냐에서 대통령 선거에 대해서 이야기를 나눌 때도, 한국도 미스 박이 퇴진하고 미스터 문으로 바뀌지 않았냐는 역질문에 놀란 적이 있었다. 그리고 우리나라에 관심을 갖고 있다는 것만으로 고맙기도 했다.

라스타로 하나가 된 그날, 우리는 밥 말리의 〈I Shot The Sheriff〉를 반복해 들으며 늦은 밤까지 얘기를 나눴다. 밥 말리의 음악이 어떤 장르였는지, 왜 레게 머리가 유행했는지, 밥 말리의 종교라는 라스타파리아니즘은 무엇인지, 밥 말리로 시작된 이야기는 밤이 늦도록 끝나지 않았다.

밥 말리
Bob Marley

자메이카 출신의 밥 말리는 1945년에 가난한 집안에서 태어나 열 살 때 아버지를 잃었다. 학교를 중퇴하고 용접공으로 일하며 절망과 억압을 노래로 풀어내기 시작했다. 자메이카는 노예제도가 폐지되기 전까지 노예무역의 중심지였다. 40만 명의 아프리카인(주로 에티오피아인) 노예가 매매된 뼈아픈 역사의 현장이기도 하다. 밥 말리는 아프리카인들의 삶을 대변하고 혁명 정신을 노래했다.

그의 음악으로 잘 알려진 레게Reggae 음악의 가사는 대부분 가난한 자메이카 사람들에 대한 이야기와 종교에 대한 믿음을 다루고 있다. 그 믿음이 바로 라스타파리아니즘으로 이어진다. 레게는 자메이카 언어로 '최신 유행'이란 뜻이다. 아프리카와 자메이카 토속 음악, 흑인의 소울, 백인의 록 음악 등 대중음악이 뒤섞여 만들어진 독특한 장르다. 노예로 학대받았던 아프리카인들의 정서가 담겨 있다. 흥겨운 노래처럼 들리지만 우울하면서도 분노가 피어오른다.

라스타파리아니즘
Rastafarianism

1930년대에 자메이카에서 시작된 신흥 종교. 에티오피아의 황제였던 하일레 셀라시Haile Selassie에 1세의 본명 라스 타파리 마콘넨Ras Tafari Makonnen에서 이름을 가져왔다. 성경을 아프리카인의 시각으로 해석해 예수가 아프리카인이라고 주장했다. 신체의 어떤 부위도 자르면 안 된다는 교리로 소위 레게 머리로 불리는 드레들록Dreadlock 문화를 낳았다. 에티오피아 국기의 색이 라스타파리아니즘의 색깔로 이어졌다. 빨강은 충성, 노랑은 종교의 자유, 초록은 자원을 의미한다. 1968년에 밥 말리가 라스타파리아니즘으로 개종하며 많은 이들이 그를 따랐다.

흑사병을 뚫고 간 곳에서 마주한 가난

견디기 힘들었던 안타나나리보의 빈민가

"언니, 나 죽으면 내 시신 가지고 한국 들어갈 거야?"

"진짜 흑사병으로 죽는다면 그래야겠지. 한국에서 잘 묻어 줄게."

생각만 해도 끔찍한 대화가 오갔다. 마다가스카르에 가야 할지 말아야 할지, 비행기 표를 끊기 전까지 수십 번 고민했다. 마침 우리가 여행 갈 시기에 마다가스카르에서는 흑사병 유행으로 여러 명이 죽어 나가던 상태였다. 우리나라 외교부에선 일찌감치 마다가스카르를 여행 자제 지역으로 정해 놨다.

"흑사병Plague 걸리면 타지에서 죽는 거야. 이대로 죽을 순 없어."

"공포감 조성하지 마. WHO(세계보건기구)에서 이제 괜찮다고 하잖아."

"아프리카까지 왔으니 바오바브나무는 꼭 보고 싶은데. 진짜 가야 돼, 말아야 돼?"

여행지를 두고 이렇게까지 심각하게 갈팡질팡한 건 처음이었다. 우리는 쓰나미가 덮쳤을 시기에도 동남아에 간 적이 있었고, 총기 살인이 자주 일어나는 브라질 리우 데 자네이루 여행도 마다하지 않았었다. 물론 일부러 위험한 지역을 찾아다니거나 대책 없이 여행을 간 건 절대 아니었다.

우리는 흑사병에 대한 외신에 집중하면서 사태를 살폈다. 현지인의 의견이 가장 중요하다는 생각에 안타나나리보에서 에어비앤비를 운영하는 다섯 명의 현지인에게 메시지를 보내기도 했다. 에어비앤비 호스트들은 모두 똑같은 답변을 보내왔다.

현재 WHO의 노력으로 흑사병은 거의 잡힌 상태입니다. 혹시 모를 흑사병 발병에 대비해 대형 병원과 은행, 큰 마트 등에서 열 체크를 하고 있고 약도 구비되어 있습니다. 100% 안전하다고는 할 수 없지만 결정은 본인이 하는 겁니다.

현지인의 답변을 받자마자 우린 마다가스카르행 비행기 티켓을 구매했다. 결심을 한 후에는 흑사병은 금방 잊어버리고 바오바브나무 앞에서 찍을 사진 포즈를 연구했다.

우리가 마다가스카르 여행을 확정 짓게 된 건 '거의' 사그라졌다는 내용 때문이었다. 여행자들마다 여행지를 결정하는 기준이 다르다. 어떤 여행자는 흑사병이라는 말을 듣자마자 여행을 포기할 테고, 또 어떤 여행자는 흑사병이 유행하든 말든 신경 안 쓰는 타입도 있을 것이다.

어떤 위험이 도사리고 있을지 모를 여행지를 선택하는 건 여행자 각자의 몫이다. 그래서 우리는 친구나 지인들에게 선뜻 여행지를 추천하지 않는다. '마다가스카르는 꼭 가야 돼! 흑사병으로 죽는 한이 있어도 가야 돼!'라든지 '마다가스카르는 진짜 위험한 곳이야. 미치지 않고선 못 가지'라는 식의 극단적인 의견을 내뱉지 않는다. 자기만의 여행 기준에 따라 나라를 선택하는 것이 가장 좋은 방법이기 때문이다.

벌써 아프리카 여행 아홉 번째 나라였다. 자신감이 붙을 대로 붙은 우리는 당연하다는 듯이 자신만만했다.

"구글 지도도 보지 말고, 『론리플래닛』도 버려. 그냥 나가서 돌아다니면 되는 거 아니야?"

"아, 이제 낯선 사람들도 무섭지 않아. 흑사병도 별거 아니네. 대충 나가서 둘러보고 맛있는 거나 먹고 들어오지 뭐."

하지만 안타나나리보 시내에 나가자마자 자신만만함은 사라졌다. 구글 지도를 다운받지 않는 바람에 길을 잃었다. 『론리플래닛』의 종이 지도도 없어 발길 가는 데로 도착한 곳이 하필 빈민가였다. 세계 최빈국답게 눈뜨고 보기 힘든 풍경이 이곳저곳에서 펼쳐졌다.

"여기서 뭐해요? 나가요. 여기는 외국인들이 들어올 만한 곳이 아니에요. 빨리 나가요. 거지들이 달라붙기 전에."

잔디밭이 보여서 공원인 줄 알고 들어갔더니 어린 아이들이 누워 있었다. 인형처럼 가만히 누워 있던 아이들이 움직이자, 염증으로

길거리에 앉아 생활하는 아이들

쓰레기 더미에서 생활하는 아이들을 보는 것은 정말 힘들었다.

가득한 얼굴과 누더기처럼 해진 옷이 드러났다. 먼지투성이의 아이들은 기침 때문에 말을 하기가 힘들었는지 입술을 부르르 떨기만 했다. 미동 없이 누워 눈만 깜빡이는 아이들이 대부분이었다. 옆에는 염소와 닭, 그리고 이름 모를 가축들이 함께였다. 가축의 분뇨 냄새가 어찌나 지독한지 숨을 쉬기도 힘들었다. 동물과 사람이 뒤엉켜 살고 있는 처참한 광경이었다. 에티오피아에서도 빈민가를 목격한 적이 있었다. 그곳은 그나마 얇은 나뭇가지로 움막을 짓고 여행자들이 버린 천 쪼가리로 햇빛을 가리기라도 했는데, 마다가스카르 빈민가에는 그마저도 없었다. 아이들은 가축의 똥과 함께 뒹굴다가 낯선 여행자인 우리를 발견하고는 뛰어와 손을 내밀었다. 손바닥은 쳐다보기 힘들 정도로 더러웠고 상처투성이였다.

잔디밭을 지나자 터널이 나왔다. 터널을 지나면 빈민가를 벗어날 수 있을까 싶어 황급하게 안으로 들어섰다. 터널 안에는 사람이 반, 차가 반이었다. 오래된 연식의 차들이 빵빵거리며 매연을 내뿜었다. 보도에는 담요와 보자기를 덮은 아이들이 쓰러져 있었다. 눈도 제대로 못 뜬 채 우리가 지나갈 때마다 다리를 붙잡았다. 이는 깨져 있거나 까맸다. 병에 걸렸는지 계속해서 기침을 했고, 벽을 긁어 대느라 손톱이 거의 없었다. 부모는 어디 가고 왜 아이들만 어두컴컴하고 매연 가득한 터널에 쓰러져 있는 걸까.

터널에 들어서면서부터 이명이 들리기 시작했다. 구토가 올라왔다. 걷고 또 걸어도 터널을 빠져나갈 수 있는 출구가 보이지 않을 것만 같은 공포가 밀려왔다. 우린 터널 밖으로 나오자마자 뛰었다. 은행 간판이 보이기에 무조건 들어갔다. 그리고 은행에서 주저앉아 버렸다.

"괜찮아요? 흑사병이 의심되니 열 체크 좀 할게요."

식은땀을 흘리며 은행에 들어온 동양인 두 명이 다리가 풀려 주저앉자, 직원들이 몰려들어 열 체크를 했다. 다행히 열은 없었다. 하지만 은행에서 나가는 게 두려웠다. 은행의 철창 사이로 바깥을 내다봤다. 또다시 처참한 풍경이 펼쳐져 있을까 봐 무서웠다.

우리는 은행에서 나오자마자 식당으로 들어갔다. 아주 허름한 곳이었지만 개의치 않았다. 뭐라도 먹지 않으면 쓰러질 것 같은 기분이었다. 빵 한 조각이라도 입에 넣으면 살 것 같았다. 아이들의 울음소리가 계속해서 귓가에 맴돌았다.

식당 안에서 한 아이가 대변을 봤다. 식당 주인의 아들인 것 같았다. 아이 엄마는 대변을 다 본 아이의 엉덩이를 천으로 닦아 줬다. 그리고 그 천을 그대로 뒤집어 우리가 앉은 식탁을 닦았다. 우리는 아무 말 없이 식당을 나왔다.

"흑사병보다 더 무섭다. 오늘이."

여행자들은 항상 설렘을 가지고 낯선 나라에 들어선다. 자신만만했던 아프리카 여행의 종착지 마다가스카르에 오면서 우리는 『어린 왕자』에 나오는 바오바브나무와 여우원숭이만 떠올렸다. 하지만 막상 마주한 마다가스카르에서는 설렘을 느낄 수 없었다. 차마 쳐다볼 수도, 다가갈 수도 없었다. 도대체 이곳에서 우리가 뭘 해야 할지 몰라 먹먹하기만 했다.

흙탕물에 빨래를 하고 말려 둔 모습

썩은 람부탄과 녹슨 귀걸이,
만 원으로 산 웃음과 행복

마다가스카르 사람들에게 일부러 사기당해 주던 날

"람부탄? 썩었어? 그냥 다 사 버려."

"나이키랑 아디다스? 완전 가짠데, 이것도 그냥 다 사 버려."

우리의 허세는 하늘을 찔렀다. 다들 가격을 얼마나 부풀린 건지 모르겠지만 우리가 산 걸 전부 다 합해도 만 원을 넘지 않았다.

안타나나리보에서 바오바브나무 군락지가 있는 모론다바까지는 미니버스를 타고 열네 시간을 가야 한다. 미니버스 정류장에 도착하기 수십 미터 전부터 버스 회사 삐끼들이 우리를 보고 달려왔다. 아니, 벌 떼처럼 몰려왔다는 표현이 더 적절할 것 같다. 프랑스령이었던 마다가스카르에는 영어를 할 줄 아는 현지인이 거의 없다. 우리를 보고 '모론다바'와 '바오바브'만 계속 외쳤다.

우리는 아직 아무 말도 안 했는데 미니버스 회사 삐끼들끼리 싸움이 일어났다. 아마 서로 데려가려고 하는 것 같았다. 갈수록 언성이

망고가 너무 싸서 놀랄 지경이었다.

높아지고 돈을 보이면서 협상까지 했다. 한바탕 난리가 지나가고 우린 싸움에서 이긴 청년을 따라갔다. 청년은 튼튼해 보이는 미니버스의 앞 좌석을 보여 줬다. 우리가 거절할까 싶어 긴장한 눈치였다. 다른 미니버스보다 깔끔하고 앞 좌석도 넓어 보여 흔쾌히 승낙했다. 우리가 "오케이"라고 하자마자 환호를 질렀다. 과연 이 친구는 미니버스 가격을 얼마나 사기 쳤을까.

전날 빈민가에 잘못 들어갔다가 정신적인 충격을 크게 받은 우리는 마다가스카르를 여행하는 동안에는 현지인들에게 '사기당해 주기'로 마음먹었다.

마다가스카르 화폐는 아리^{Ariary}다. 1,000아리는 우리나라 돈으로 약 350원 정도다. 5,000아리는 1,700원, 1만 아리는 3,400원가량이다. 1,000아리(약 350원)으로 망고 6~7개를 사 먹었으니 물가가 말도 안 되게 싸다. 안타나나리보에서 모론다바까지 14~16시간 정도 걸리는 밤 버스가 고작 4만 4,000아리(약 1만 5,000원)였다. 나중에 미니버스 청년의 장부를 들여다봤더니 현지인들은 3만 5,000아리(약 1만 2,000원)를 냈다. 우리한테 9,000아리나 사기를 쳤지만 우리나라 돈으로는 3,000원 정도밖에 안 됐다. 그래, 3,000원 가져가라!

버스가 출발하기까지 세 시간가량 남았을 때였다. 허기진 배를 움켜잡고 길거리에 앉아 사람들을 구경하는데 바구니에 람부탄을 가득 담은 소년이 나타났다. 얼마냐고 물었더니 한참을 고민하다가 500아리(약 170원)라고 했다. 현지인한테는 100아리(약 35원)에 파는데, 우리한테는 고심 끝에 400아리를 바가지 씌운 것이었다.

"이거 썩은 람부탄인데. 그냥 다 살까?"

"더 가져다 달라고 해. 한 세 바구니 사지 뭐."

세 바구니를 달라고 하자 소년은 입이 찢어질 것처럼 웃었다. 웃는 모습이 얼마나 예쁘던지. 소년은 곧 종종걸음으로 어디론가 달려가 람부탄을 더 가져왔다. 썩은 람부탄이 대부분이었지만 개의치 않았다. 그런데 썩은 람부탄도 턱턱 사는 외국인이 있다는 소문이라도 났는지 갑자기 상인들이 몰려들기 시작했다.

"나이키 모자 얼마예요? 거기 쥐 인형 한 마리 주세요."

썩은 람부탄. 가짜 나이키 모자인 것을
알면서도 쇼핑을 했다.

"건전지요? 얼만데요? 이건 또 뭐예요? 귀걸이? 녹슬었는데? 그냥
줘요."

"이게 체리라고? 안 익었는데? 그냥 다 줘. 한 바구니 더 줘 봐."

세계 곳곳을 여행하면서 수많은 사기와 강도를 당했다. 여권과 노
트북을 뺏긴 적도 있었고, 거스름돈을 못 받는 일도 허다했다. 그럴
때마다 너무 화가 나서 욕이 자연스럽게 튀어나왔다. 하지만 마다가
스카르에서 만큼은 사기를 당해 주고 싶었다. 그렇게 우리는 알면서
도 모른 척 물건을 사기 시작했다.

외부에서 바라보는 마다카스카르인의 삶은 너무 불쌍한데, 실제로
만나 본 그들은 계속 웃고 있었다. 얼굴에 미소를 띤 가난한 아프리카

인은 보기 드물다. 사실 아프리카인들은 무표정으로도 유명하다. 하지만 람부탄을 파는 소년, 가짜 브랜드 모자를 파는 아줌마, 길거리에서 주워 온 인형을 팔던 소녀 모두 웃으며 물건을 내밀었다. 각자 원하는 금액을 종이에 써서 보여 줬고, 우리가 비싸다고 손을 내저으면 다시 웃으면서 더 적은 가격을 써 보였다. 안 산다고 거절을 해도 그냥 웃고 지나갔다. 질기게 달라붙지도, 화내지도 않았다.

케냐에서는 마사이족한테 티셔츠값을 좀 깎아 달라고 했다가 쌍욕을 먹은 적이 있었다. 탄자니아에서는 과일을 사 달라면서 집요하게 숙소까지 쫓아오는 사람이 있었는데, 안 산다니까 돌을 던졌다. 에티오피아 빈민촌 아이들은 영악했다. 외국인을 물주라고 생각하는지 아무것도 주지 않으면 몸을 때리고 도망갔다. 그런데 마다가스카르 사람들은 조금 달랐다. 그 어느 나라보다 가난했지만 그다지 물질적인 대가를 바라지도 않았다. 그저 낯선 동양인과 대화를 해 본 것만으로 즐거워했다.

웃는 낯에 침 못 뱉는다고, 기분 좋게 다가오는 사람들을 상대하다 보니 필요 없는 물건을 잔뜩 샀다. 가짜 나이키와 가짜 아디다스 모자, 어디서 주워 왔는지 모를 쥐와 토끼 인형, 심지어 건전지와 손전등도 샀다. 서로 말도 안 통하면서 물건을 사고 웃고 떠들고 사진까지 찍었다. 바가지까지 썼지만 마냥 즐겁기만 했다.

"우리 옷 중에 청바지랑 반팔 티셔츠 같은 것 좀 나눠 주자."
"그럴까? 이 사람들 우리한테 물건도 팔고, 옷도 받아 가네."

깔깔 웃으며 손해 보는 장사가 끝날 무렵 갑자기 장대 같은 비가 쏟아졌다. 상인들은 순식간에 흩어졌다. 미니버스도 드디어 출발을 알렸다. 지붕 아래로 비를 피한 상인들이 떠나는 우리에게 인사를 했다. 손으로 하트를 그려 보이기도 하고, 우리가 준 옷을 흔들기도 했다. 안녕! 그때 산 물건들은 한국까지 무사히 가져왔어.

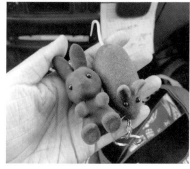

마다가스카르에서의 즐거운 쇼핑

안타나나리보에서 모론다바 가는 방법

바오바브나무 거리가 있는 모론다바까지 가는 방법은 대략 세 가지다. 우선 국내선 비행기가 있지만 편도가 30만 원 정도로 매우 비싸다. 마다가스카르 항공사가 국내선을 독점하고 있기 때문이다. 두 번째 방법은 미니버스다. 대부분 오후 4시에 출발해서 다음 날 오전 8~9시쯤 모론다바 시내에 도착한다. 아침 5~7시에 출발하는 낮버스(운영 회사 : Cotisse)도 있다. 하루 종일 달려 모론다바에 저녁 7~8시쯤 도착한다. 가격은 4만 4,000아리(2017년 하반기 기준)다. 세 번째는 렌터카를 이용하거나 드라이버를 고용하는 방법이다.

배낭여행자들은 대부분 미니버스를 타고 간다. 안타나나리보^{Antananarivo}에 있는 터미널 이름은 'Fasan'ny Karana'다. 시내에서 3㎞ 정도 떨어져 있어 택시를 타고 가야한다. 구글맵에 안 나올 경우 맵스미를 이용하면 된다. 모론다바행 버스는 많기 때문에 예약하지 않아도 탈 수 있다. 15시간 이상 달려야 하니 1인 2~3좌석을 구매해 누워서 편하게 가는 방법도 있다.

낮 버스는 바깥 풍경을 보면서 갈 수 있는 장점이 있지만 하루를 미니버스에서 날려야 하는 단점이 있다. 반대로 밤 버스는 야간에 달리기 때문에 시간을 아낄 수 있다. 반면, 앉아서 자야 하기 때문에 불편하고 힘들다.

움푹 파인 물웅덩이가 많은 버스 정류장. 다른 지역으로 가는 인파 때문에 복잡하고 정신없다.

바오바브나무의 그림 같은 풍경이 눈앞에 펼쳐진 순간

오직 모론다바에서만 볼 수 있는 바오바브나무

"바오바브나무 그림은 왜 다 배경이 빨갛지?"

"다 노을 질 때 그렸나 봐. 노을 질 때 가장 예쁜가 보다."

바오바브나무를 보러 모론다바까지 열여섯 시간 버스를 타고 도착했지만, 체력이 바닥나서 숙소에 뻗었다. 이틀 동안 꼼짝없이 쉬어야 했다. 미니버스 좌석에 앉아 밤을 꼬박 새우며 달리는 일은 보통이 아니었다. 잘 다져지지 않은 고불고불한 오프로드도 한몫했다. 게다가 혹시라도 무장 강도가 나타나지 않을까 싶어 뜬눈으로 앉아 있어야 했다.

쉬는 동안 마을을 둘러보고 맛집으로 소문난 곳에 가서 영양보충도 했다. 하지만 근육통은 꽤 오래 지속됐다. 한국에서 챙겨 온 약통 파우치를 처음으로 열었다. 멘소래담을 온몸에 바르고 하루 종일 누워 있었다. 엎친 데 덮친 격으로 사 먹은 음식이 잘못됐는지 둘 다 설사병에 걸렸다. 약통 파우치에서 지사제도 꺼내 먹었다.

"약통 파우치 한 번도 안 열어 보고 잘 버텼는데, 마다가스카르에서 무너졌네."

"여행 다 끝나가는 마당에 가져온 약 다 먹고 가겠어."

"이제 슬슬 한국으로 돌아갈 때가 됐나 보다. 몸도 아프고, 마음도 힘들고⋯⋯."

"흑사병보다 더 무섭다. 마다가스카르 사는 모습이⋯⋯."

쉬고 난 후 다시 힘을 내서 밖으로 나갔다. 길에서 팔고 있는 미술 작품을 한참 동안 구경했다. 그림은 대부분 빨간 하늘을 배경으로 양쪽으로 늘어선 바오바브나무를 그리고 있었다. 하늘이 파랗지 않았다. 세렝게티나 빅토리아 폭포, 잔지바르에서도 풍경 그림을 많이 팔았는데, 당연하다는 듯이 하늘은 새파랗고 구름은 하얬다. 하지만 모론다바에서 본 풍경 그림은 전부 붉은 하늘이었다. 식당에 걸려 있는 그림도, 슈퍼에 붙어 있는 그림도, 버스 회사나 우체국에 전시된 그림도 다 똑같았다.

"여기 가난해서 물감이 빨간색밖에 없는 거 아니야?"

"설마, 바오바브나무 거리가 낮보다 노을 질 때 훨씬 예쁘니까 그 시간대를 배경으로 그린 거겠지."

새벽 4시, 숙소에서 만난 한국인 부부와 함께 바오바브나무 거리로 향했다. 해는 6시쯤 뜨는데 두 시간 전부터 출발이었다.

"해가 뜨는 시간에 맞춰 오면 늦어요. 일출은 해 뜨기 한 시간 전부터

붉은 노을을 배경으로 한 바오바브나무 풍경 그림

천천히 1분 1초도 놓치지 않고 봐야 합니다. 순간순간의 느낌이 다 다르거든요. 해가 지평선을 넘어 오르는 순간 DSLR 카메라 셔터를 누르세요. 장소는 여기가 제일 잘 나오니까. 여기, 여기에 서 있어요."

가이드인 에리스토Eristor 아저씨는 카메라 각도와 서 있을 위치까지 완벽하게 알려 줬다. 일출과 일몰에 따라 사진이 가장 잘 나오는 위치가 다르다고 했다. 어둠 속에서 휴대폰 불빛으로 바오바브나무 껍질을 보기도 하고, 뿌리 쪽을 살피기도 한 지 한 시간이 지났다.

해가 걸친 바오바브나무의 모습. 나무의 키 때문인지 위엄 있어 보였다.

드디어 해가 떠오르자 레스토랑에서 봤던 그림이 똑같이 눈앞에 펼쳐졌다. 바오바브나무는 일출, 일몰과 맞닥뜨렸을 때 가장 아름답다는 말이 비로소 이해됐다. 마다가스카르 여행 비수기에 흑사병 유행까지 겹쳐서 여행객이 별로 없었던 덕분에 바오바브나무 거리엔 우리 네 명뿐이었다. 성수기 때는 관광객이 100명에서 300명까지 모일 정도라고 했다. 사람이 많으면 당연히 웅성거림 때문에 멋진 풍경을 눈에 담기 힘들다.

"코리안, 흑사병 때문에 마다가스카르 여행이 불운이라고 생각하지 말아요. 덕분에 아무도 없는 바오바브나무 거리를 독차지하는 행운을 얻었으니까요"

두 팔로 다 끌어안을 수 없을 정도로 굵은 몸통의 나무가 기둥처럼 우뚝 서 있고, 마치 나무뿌리가 뒤집어진 듯 위쪽에만 가지가 있는 모습이 독특했다. 일반적인 나무보다 키가 훨씬 크고 몸통에 잎사귀가 없어서 그런지, 해가 떠오르는 순간과 무척 잘 어울렸다. 바오바브나무 사이로 붉은색이 차오르면서 장관을 이뤄 냈다.

일출을 본 다음에는 세상에서 가장 큰 바오바브나무가 있는 곳으로 향했다. 반드시 신발을 벗고 들어가야 할 만큼 신성한 장소라고 했다. 맨발로 들어가 바오바브나무를 만지면서 세 바퀴를 돌고 소원을 빌면 이뤄진다는 설이 있다고 했다. 그런데 미신이라곤 절대 믿지 않는 동생이 어쩐 일인지 소원을 빌러 들어갔다.

세상에서 가장 큰 바오바브나무

    일몰 시간이 되어 다시 바오바브나무 거리로 돌아갔다. 아침과 똑같이 에리스토 아저씨는 우리에게 사진이 가장 잘 나오는 위치를 알려 줬다. 일출은 노란빛을 배경으로 한 붉은 해였다면, 일몰은 핑크빛을 배경으로 한 붉은 해였다. 우리는 이번에도 아무 말 없이 넋을 놨다. 해가 넘어가고 사방이 어두워지기 전까지 말이다.

일몰에는 진한 핑크빛이 바오바브나무를 뒤덮은 듯한 장관을 선사했다.

"왜 이렇게 사진을 많이 찍었어? 여행 내내 별로 안 찍었으면서."

"풍경이 1분 1초마다 달라. 눈으로 담기엔 까먹을 것 같고, 이 시간이 다시 돌아오지도 않을 거고, 그리고 아프리카 여행도 끝나가고……."

"여행 끝나니까 아쉬워?"

바오바브나무로 만들어진 바오바브나무 기념품을 배낭에 넣어 짊어지고 한국까지
가져왔다.

"나 저 바오바브나무 좀 크기별로 살게. 딱 다섯 개만. 왠지 바오바
브나무를 집에 놓으면 행운이 올 것 같지 않아?"

여행 끝자락이라 아쉬워서 그랬는지 기념품에는 관심도 없던 동생
이 대뜸 바오바브나무를 다섯 개나 산다고 했다. 행운을 가져다줄 것
같다는 근거 없는 이유까지 덧붙이면서 말이다.

사진도 많이 찍고, 바오바브나무를 만지며 소원도 빌고, 기념품도
사고… 동생의 이상행동을 보니 이제 아프리카 여행이 끝나 가는구나
실감했다. 여행의 끝자락에서 아쉬움이 남을 때마다 동생이 하던 행
동들이었기 때문이다.

1. 사랑의 연리지 바오바브나무
2. 바오바브나무 거리가 관광지인 줄 알았는데 현지인의 생활 터전이었다.

바오바브나무 거리를 독차지한 나

바오바브나무
Baobab Tree

마다가스카르의 상징인 바오바브나무는 윗부분이 뿌리 모양을 하고 있어 신이 실수로 거꾸로 심어 생겼다는 이야기가 전해 내려온다. 마다가스카르 사람들은 바오바브나무를 신성하게 여겨 구멍을 뚫어 시신을 매장하기도 한다. 열매는 코코넛처럼 생긴 갈색으로 먹을 수 있다. 평균적으로 키는 20m, 줄기 둘레는 10m다. 옆으로 넓게 퍼진 나뭇가지 모양이 뿌리를 닮아 '뒤집힌 나무', 열매가 달려 있는 모양이 쥐 같아서 '죽은 쥐 나무', 열매 속을 먹을 수 있어 '원숭이빵 나무'라고 불리기도 한다.

바오바브나무는 모두 9종이 존재한다고 알려져 있다. 마다가스카르에는 총 8종이 있다. 6종은 토착 수종이고, 2종은 탄자니아 등 아프리카 대륙 곳곳에서 볼 수 있다. 마다가스카르에 없는 1종은 호주에서 자라고 있다. 마다가스카르 전통 언어인 말라가시어로는 레날라Renala라고 부른다. 뜻은 '숲의 어머니'다. 그만큼 바오바브나무는 마다가스카르 사람들에게 귀중한 존재다. 껍질을 벗겨 로프나 바구니 같은 생활용품을 만들기도 하고, 공예품이나 전통악기를 만들기도 한다.

사자보다 희귀한 흰여우원숭이와의 만남

키린디 국립공원에서 만난 희귀 동물

"내셔널지오그래픽에서 본 것 같아. 눈은 엄청 크고 까만데, 몸은 하얘."

"나도 다큐멘터리에서 봤어. 나무 사이로 막 점프해 다녔어."

몇 시간 동안 흰여우원숭이가 보이지 않자, 우린 각자 상상 속 흰여우원숭이에 대해 말하기 시작했다. 마치 어렸을 때 동화 속 도깨비의 존재에 대해 상상하던 것과 비슷했다. 도깨비 뿔은 파란색이었고 땅에 발이 닿지 않아 둥둥 떠다녔다며, 실체 하지 않는 존재에 대해서 떠들 때처럼 말이다.

흰여우원숭이는 아프리카 마다가스카르, 그것도 모론다바에서만 존재하는 희귀 원숭이다. 이 원숭이를 보기 위해 키린디 국립공원 Kirindy National Park 으로 향했다. 국립공원에만 도착하면 흰여우원숭이가 막 뛰어다니는 줄 알았다. 하지만 역시나 가이드는 국립공원에 다다

랐을 때 슬쩍 말을 바꿨다.

"저도 봤으면 좋겠어요. 사실 볼 확률은 적죠. 아니요. 흰여우원숭이가 없다는 게 아니라, 워낙 야생이다 보니 볼 수 있을지 장담할 수 없다는 거예요. 날씨도 너무 덥고… 그래도 최선을 다해 찾아볼게요."

국립공원에 도착하자마자 우릴 반겨 준 건 브라운원숭이(브라운리머)였다. 손바닥에 물을 따라 주면 금방 다가와 물을 먹고 도망갔다. 우리나라 동물원이나 동남아에서 본 원숭이와는 확연히 달랐다. 일반적으로 생각하는 원숭이는 사람과 얼굴이 비슷하고 엉덩이가 빨간 녀석들인데, 여우원숭이는 얼굴은 주먹만 하고 몸은 컸으며 꼬리가 털북숭이라 그런지 꼭 다람쥐 같았다.

물을 갈구하는 눈빛에 녹아 내 물을 모두 내주고 말았다.

본격적으로 흰여우원숭이를 찾아 국립공원 안으로 들어갔다. 낮 12시, 해는 벌써 중천에 떠 있고 공기는 숨이 턱턱 막힐 만큼 답답했다. 나뭇잎을 밟을 때마다 쩍쩍 부스러지는 소리가 날 정도로 건조하기까지 했다. 가이드는 흰여우원숭이의 흔적을 찾아 노련히 앞으로 나아갔다. 흰여우원숭이의 배변이나 나무에 긁힌 손자국 등을 계속해서 확인했다. 원숭이를 부르는 소리도 냈다. 하지만 세 시간 동안 흰여우원숭이의 꼬리도 볼 수 없었다. 각자 생수를 한 병씩 가져왔지만, 브라운원숭이에게 주느라 마실 물이 부족했다. 갈증이 치밀어 오르자 우리는 중간에 주저앉고 말았다.

하지만 하늘에서는 물 한 방울 떨어지지 않았다. 체감상으로는 마다가스카르가 나미비아 사막보다 훨씬 더 더웠다. 비가 왔으면 하는 마음 때문인지 천둥소리 환청까지 들렸다.

흰여우원숭이를 찾지 못한 우리는 국립공원 입구에 있는 레스토랑으로 돌아가 끼니부터 때웠다. 옆 테이블에 앉은 유럽인들은 흰여우원숭이를 보는 걸 진작 포기했다고 말했다.

"이 더운 날씨에 흰여우원숭이를 찾으러 돌아다니는 것보다 레스토랑에서 맛있는 걸 먹는 게 나아요. 저 뒤에 사진 있잖아요. 그냥 사진으로 봐요. 흰여우원숭이 볼 확률은 거의 없어요."

"혹시라도 우리가 찾으면 알려 줄게요. 우린 다시 도전할 거예요."

흰여우원숭이를 다시 찾아 나선 우리는 그야말로 의지의 한국인이었다. 힘겹게 마다가스카르까지 왔는데 어떻게 포기를 한단 말인가. 이 넓은 지구에서도 오직 모론다바에만 있는 원숭이라는데, 끝까지 찾으려는 노력을 해야 하지 않을까. 가끔 여유로운 여행객들의 여행 방식을 본받고 싶을 때도 있지만, 그날만큼은 아니었다. 무슨 일이 있어도 흰여우원숭이를 보고 한국으로 돌아가겠다는 생각으로 머릿속이 꽉 차 있었다.

밥을 먹고 다시 국립공원 숲속으로 들어갔다. 낮 2~3시경이라 찌는 듯한 더위가 한층 더 강해졌다.

"우리도 그냥 사진으로나 볼까. 이 넓은 데서 흰여우원숭이를 어떻게 찾아."

"내셔널지오그래픽 전시회에 가서 봐야 되나. 진짜 너무 덥다."

자기 위안이 하늘을 찌르고 마음이 약해지기 시작했다. 다큐멘터리 사진작가들이 멋있게 찍어 놓은 사진을 보면 되지 왜 우리가 직접 사서 고생해야 하는지에 대해 얘기를 나누던 찰나, 세상에나! 새끼를 등에 업은 채 나무에 매달려 있는 흰여우원숭이가 나타났다. 혹시라도 도망갈까 싶어 숨소리도 참았다. 나뭇잎이 바스락거릴까 움직일 수도 없었다. 카메라 셔터 소리가 너무 크지 않을까 싶어 한참을 눈으로 바라보기만 했다.

조막만 한 작은 얼굴에 놀란 듯 동그란 눈, 털은 깔끔하게 목욕이라도 한 듯 새하얬다. 원숭이라기보다는 난생 처음 보는 희귀 동물이라는 표현이 더 적절했다. 어쩐 일인지 아프리카에서 가장 보기 힘들다는 빅 5를 본 것보다 훨씬 더 감동적이었다. 빅 5는 사진으로라도 많이 봤지만, 흰여우원숭이는 지금껏 살면서 관심조차 가져 본 적이 없을 만큼 동떨어진 존재였기에 놀라움은 더 컸다.

누가 아프리카 여행을 간다고 하면 "사자 꼭 보고 와"라고 말하지, "흰여우원숭이 꼭 보고 와"라고 말하겠는가. 그만큼 잘 알려지지 않은 동물이지만 세상에서 마다가스카르 모론다바에서만 볼 수 있다는 특별함이 우리를 몹시 흥분시켰다. 한국으로 돌아갔을 때 친구들이 "사자 많이 봤어? 코끼리는?"이라고 물어보면 이렇게 답해야겠다고 생각하기도 했다.

"나 흰여우원숭이 봤어."

레스토랑에서 밥을 먹던 유럽인들이 소식을 듣고 뛰어왔지만 흰여우

1. 고생 끝에 낙이 온다더니, 고생 끝에 흰여우원숭이의 실물을 영접했다.
2. 어미 흰여우원숭이는 새끼를 등에 업고 나무 사이를 뛰어다녔다.

원숭이는 나무에서 나무를 점프해 가며 순식간에 사라졌다. 찰나의 순간을 우리만 목격했다. 쩍쩍 갈라지는 소리가 날 정도로 무덥고 건조한 숲속을 생수병 하나로 버티며 수색한 결과였다. 흰여우원숭이의 존재를 얼마나 자랑했는지 모른다. 아프리카 여행 마지막 날 우리는 마치 내셔널지오그래픽 사진전에서 대상이라도 탄 것 마냥 우쭐했다.

우린 역시 여유 있는 여행보다는 미친 듯이 힘들어도 보고 싶은 건 꼭 보고야 마는 여행이 적성에 맞았다. 웬만해서는 꺾이지 않는 집착과 의지 덕분에 아프리카 여행도 뿌듯하게 마무리할 수 있었다. 이 다음엔 또 어떤 풍경, 어떤 삶을 들여다보러 갈까? 흰여우원숭이를 만났던 순간을 생각하면, 어디든 가서 무엇이든 다 할 수 있을 것 같다.

HOW TO TRAVEL

시파카
Sifaka

마다가스카르에만 분포하는 원숭이 중 하나다. '마다가스카르의 숨은 보석'이라고도 불린다. 몸길이가 40~55㎝로 꼬리 길이와 몸길이가 비슷하다. 털은 길고 부드러우며 종에 따라 노란빛이 도는 흰색부터 흑갈색까지 다양하다. 주로 나무 위에서 서식하기 때문에 사람들의 눈에 잘 띄지 않는다. 길고 튼튼한 뒷다리를 이용해 나무 사이를 건너 뛰어다니며 이동한다. 땅에서는 양팔로 균형을 잡고 깡충깡충 뛰어 이동한다. 우리가 본 시파카는 베록스 시파카Verreaux's Sifaka로 현재 멸종 위기에 있다.

따로 또는 함께

"군고구마를 왜 이렇게 많이 구워 놨데? 먹을 게 남아도나."
"이거 아프리카 아이들한테 주면 진짜 잘 먹을 텐데……."

우리는 마다가스카르를 끝으로 아프리카 9개국의 여행을 마쳤다.

한국으로 돌아가는 길에 홍콩에서 하루를 머물렀다. 홍콩에 도착하자마자 눈에 띈 것은 다름 아닌 군고구마였다. 몇 시간 전만 해도 가난에 허덕이는 아이들 틈에서 마음이 안 좋았는데, 눈앞에 펼쳐진 수많은 먹을거리와 식당들, 휘황찬란한 밤거리를 보자 어안이 벙벙했다. 아직 아프리카 여행의 여독이 풀리지 않아서인지 우린 홍콩의 모습이 낯설어 숙소 밖으로 나가 놀지 않았다. 아마 한국으로 돌아가도 홍콩과 비슷한 분위기리라. 언제 그랬냐는 듯 맛있는 음식, 깨끗한 옷을 당연하게 받아들일 거다. 분명 원래의 삶으로 돌아가는 일인데, 자꾸 꺼려졌다.

여행이 남겨 주는 것들은 항상 너무 다양해서 여행이 끝나기 전까지는 우리도 그 모습을 짐작하기 힘들다. 당연하게도 즐겁고 행복한 감정만 남기는 것은 아니다. 때로는 피하고 싶었던 삶의 진실을 마주하게 되기도 하고, 외면하고 싶은 초라함을 발견하기도 한다. 하지만 그 또한 여행이 아니라면 생각하지 못했을 세상의 다양한 모습이라고 여기며 느껴지는 데로 솔직하게 반응하는 것이 우리만의 스타일이다.

우리는 숙소에 나란히 누워 얘기를 나눴다. 앞으로의 여행에 대한 이야기였다.

"우리 한국 가면 다시 깨끗이 씻고 화장하고 살아야 되네."

"내추럴 토일렛 가는 버릇 나오면 어떡하지. 아 눈치 안 보고 자유로웠는데."

"그나저나 언니랑 여행하는 것도 좋지만, 난 이제 혼자 여행해 보고 싶기도 해."

"그래, 그럼 당분간 따로 여행해 보고 또 다시 만날까?"

남미에서 만큼은 아니었지만, 아프리카 여행 중에도 갈등은 있었다. 다만 여러 번의 여행으로 서로의 성격과 취향을 알고 있었기 때문에 싸우기보다 양보를 택했다. 하지만 탐탁지 않은 양보와 억지 양보도 섞여 있었다.

마다가스카르 모론다바 숙소에서 우연히 세계 여행 중인 한국인 부부를 만났다. 부부는 함께 여행을 하면서도 각자 다른 일정을 잡아 따로 움직였다. 와인을 좋아하는 아내가 와인 농장에 간 동안, 와인에 관심이 없는 남편은 숙소에서 휴식을 취했다. '동행자'이니 뭐든 함께해야 한다고 생각한 우리는 두 사람의 이야기를 듣고 깜짝 놀랐다. 내가 하고 싶은 걸 한 번 했으면 동생이 하고 싶은 걸 한 번, 꼭 이렇게 해야 한다고만 생각했다. 우리 스스로 만든 틀 속에 서로를 가두어 두었던 것인지도 모르겠다.

우린 홍콩에서의 마지막 날 밤에 '서로 함께, 또는 각자'의 이야기를 시작하기로 했다.

우리는 앞으로 각자 여행길에 오를 것이다. 하지만 아마도 동생이 곁에 없으면 더욱 동생에 대한 생각을 하게 될 것 같다. 곤란한 상황이 닥치면 함께 무식하게 위기를 극복했던 일이 떠오를 것이고, 보잘 것없는 길거리 음식도 같이 먹으면 맛있었을 텐데 하는 아쉬움이 들 날이 분명 올 것이다.

자매가 함께 여행하는 것에 대해 궁금해하는 사람들이 많다. 가족이지만 어떻게 매번 함께 여행을 하는지 의아해한다. 우리도 처음에는 싸우는 일의 연속이었다. 아프리카 여행에서는 큰 부딪힘은 없었지만 역시 마음이 상하는 순간은 있었다. 감정이 상하고 치사해지기 시작하면 100원이라도 더 돈을 낸 사람이 누구냐며 따지게 되기도 한다.

우리는 앞으로 따로, 그리고 또 함께 여행을 계속해 나갈 것이다. 사실 우린 아직 미완성의 동행자다. 계속되는 여행을 통해 완벽한 동행자가 될지 어떨지 우리 역시 몹시 궁금하다. 하지만 그래서 더 기대가 된다. 앞으로 떠나게 될 우리 자매의 여행이 또 어떤 방향으로 나아갈지, 몇 년 뒤 함께 그린란드에 가기로 했으니 그날을 기다려 본다.

자매의 상상은 현실이 된다.

아! FREE! 카!

초판 1쇄 인쇄 2019년 2월 5일
초판 1쇄 발행 2019년 2월 10일

지은이 조선율, 조선들

펴낸이 김연홍
펴낸곳 아라크네

출판등록 1999년 10월 12일 제2-2945호
주소 서울시 마포구 성미산로 187 아라크네빌딩 5층(연남동)
전화 02-334-3887 **팩스** 02-334-2068

ISBN 979-11-5774-631-6 03930